カタジーナ・チフィエルトカ＋安原美帆【著】
Katarzyna J. Cwiertka and Miho Yasuhara

秘められた和食史

新泉社

秘められた和食史❖目次

❖装幀——藤田美咲

凡例

一、文献・資料等からの引用に際し、旧体字の漢字、変体仮名および異体字などは、原則として新体字・常用字体に改めた。歴史的仮名遣いについては、書名・記事名等を除き、現代仮名遣いへの置き換えを原則とした。但し、現代においても旧体字を使用している人名・企業名等の固有名詞に関しては、当事者が現在用いている字体の採用を基本とした。

一、引用に際し、算用数字は漢数字に統一した。なお、数字の「十」「百」の桁については、原則として「一〇」「一〇〇」の表記法への統一をはかった。

一、引用文中の〔 〕内は、引用者による補足である。

序章

近代史のなかの「和食」

近年の過熱気味ともいえる和食への関心の高まりは、二〇一三（平成二五）年に「和食；日本人の伝統的な食文化」がユネスコ（UNESCO：国際連合教育科学文化機関）の無形文化遺産の代表一覧への登録を認定されたことに起因する。この「和食」の保護・継承を提唱している一般社団法人「和食文化国民会議」（略称「和食会議」）という組織は、学術的なシンポジウムから一般向けのイベントまで、国内外への和食のアピールを推進し続けている（＊1）。日本の誇りの源泉として和食を宣伝する雰囲気が瞭然と伝わっているのは、二〇一四（平成二六）年に一一月二四日を「和食の日」と定めたきっかけに打ち出した「ごはんとみそ汁、わが家の世界遺産」というスローガンである（＊2）。

「和食」が無形文化遺産として認定されて以来、レストランのガイドブックやレシピ本をはじめ、和食の特徴や歴史などを扱う書籍なども雨後の筍のごとく出版されている。タイトルに「和食」を冠した書籍だけでも、二〇一四年から二〇一五（平成二七）年六月末までの一年半の間に一〇〇冊近くが刊行され、国立国会図書館に納められた（＊3）。

では、本書が、これらの豊富な書籍群にいったい何を加えるのかという質問が当然沸いてくるであろう。その答えはひとことで言うと、これまでに見逃されてきた和食の近代史を探ることである。「伝統的な食文化」というからには、近代は近すぎる歴史にみえるかもしれないが、百有余年の近代史を抜きにして、「和食」の本質を理解することはできない。なぜなら、「茶の湯」や「精進料理」などのように伝統そのものというイメージの言葉として私たちになじんでいる「和食」という用語は、中世や近世には存在しなかったのである。明治維新以降に、西洋の食文化を受容していく過程で、「西洋料理」や「洋食」という言葉が登場した後に、「日本料理」という言葉に後発して誕生した新しい用語なのである。

「和食」という言葉は近代化の所産であるのみならず、その内容についても近代史において大きな変化を遂げている。しかしながら、これまでに出版された書籍の中で、和食の近代史はほとんど扱われていない。ユネスコ無形文化遺産のステータスに必要とされる「保護する必要がある」という状況になった理由として、一九六〇年代に始まった日本の食生活の急激な変化が指摘されている(*4)。しかし、その中世や近世との関連についての研究が豊富であるのに対して(*5)、和食自体が変化するプロセスは見過ごされたままなのである。例えば、日本の食文化が文明開化以降、外来の食文化を受容し融合しながら変遷していったことは広く知られている。トンカツやカレーライスなどが、日本の食文化の近代化の象徴となっていることが、その代表的なものである。この間、文明開化以前から日々の生活で食べられていた在来の食べ物も、時とともに変遷していったことはほとんど知られていない。

＊

本書は、こうした見逃されてきた和食の経歴を四つの章にわたって実証するものである。まず第一章では、和食という言葉の普及の過程をみていく。出版物や新聞記事などから手がかりを得て、「和食」という用語の使用状況を探る。「和服」や「和室」など、明治時代に誕生した表現と同様に、西洋から入った文化的要素の普及によって誘引された単語である。西洋料理を受容していく過程で、洋食は和食の中に融合していき、折衷料理を生み出した(＊6)。大正期には、カツレツやカレーやコロッケなどの洋風の料理(＝日本の洋食)も普及した(＊7)。こうして、和食の対極にあった洋食の当初の意味は曖昧になっていき、それにともなって和食の範疇も拡大し、意味は複雑になっていった。新しい料理が登場するなかで、女性の調理技術の習得方法も、従来の家庭や地域での伝承だけでなく、料理学校や女学校で講習を受けたり、雑誌や料理書などで情報を入手したりするようになった(＊8)。ただし、当時の料理書を分析すると、「和食」ではなく「日本料理」という用語の使用が一般的である。「和食」という言葉は、どちらかというと外食の世界から普及していったのである。

日本における外食の起源は、室町時代初期に京都の寺社門前で参拝客相手に興った商いまでさかのぼることができる(*9)。その後、街道沿いや宿場などにも客に茶を出して休憩させる茶店は出現するようになり(*10)、江戸時代に大きく発展した。江戸の町は、参勤交代で江戸に詰める武士やその奉公人などの単身者をはじめ、小商いや日雇いの労働者や職人など、男性の単身者人口が多かったため、外食に対する需要は高まり、庶民的な食べ物屋が急増した。その結果、江戸市中には大小さまざまな規模の屋台・小屋掛・見世が混在し、うどんやそば、寿司、天ぷらなどのファストフード的な食べ物屋や定食屋も出現した。その一方で、富裕層を客筋とした高級料理の店も出始め、江戸時代末期の文化・文政期(一八〇四—三〇年)には近代的な飲食産業の原型がほとんど出揃ったのである(*11)。幕末のころには、江戸だけでなく地方の中小都市でも飲食店は増えていき、江戸・大坂・京都の三都では飲食店の評判の番付が出される(*12)くらいにまで外食は発展した。

このように展開した外食の文化は、すべて「和風」であったにもかかわらず、この時代には「和食」という用語はまだ使われていない。なぜなら、自分たちが食べている料理を、わざわざ「和食」と名づけて表す必要すらなかったからにほかならない。「和服」や「和室」と同じように、「和風」であるか否かという意識すら持ちえていなかった。「和食」という言い方は、「洋食」が普及するにともなって一般化していったのである。

第二章では、お米と「一汁三菜」の献立構成の変化を中心に和食を探っていく。その一例が、現代において和食の一番基本的な要件といわれる「ご飯」(＊13)も、古今普遍の位置にはなかったことである。米の消費量は、一九六二(昭和三七)年度には一人一日あたり約三二四グラムだったのをピークに減少に転じ、五〇年後の二〇一二(平成二四)年には約一五四グラムまで落ち込み、なおも減少の傾向にある(＊14)。これは、昔ながらの食事パターンがこの数十年で減退したと一般的に解釈されている。ところが、米の消費量がピークとなった一九六二年は、日本の歴史の中で特別な時期であったことはほとんどの日本人には知られていない。

ご飯が全国民の主食として位置づけられたのは、一九四一(昭和一六)年から実施された米の配給制度によるものである。一九三九(昭和一四)年に米穀の国家管理を行うことが決定し、一九四一年から米の切符配給制が実施された。これによって、元来は米を主食としていなかった山村部などの地域にまで米食を普及させ、日本全国民が米を主食とするようになったのである(＊15)。ただし、戦時体制下で実施された米の配給制度は名ばかりのものとなり、米に代わる大豆や芋の配給さえも滞るようになった。第二次世界大戦敗戦前後の数年間は、多くの国民は米を主食にした食事をすることが不可能だった。ほとんどの家庭では、朝昼夕の食事は体を成さなくなっていた。料理をする食材も燃料も調理器具も不足していたのである。

やがて戦後の混乱が落ち着き、食料事情も改善されていき、一九五〇年代半ばを過ぎるころには大衆消費社会が形成され、家庭の台所には電気炊飯器や冷蔵庫などが導入され始めるようになったのである（＊16）。個人の米の消費量も年々増加し、一九六〇年代初めには戦前の水準にまで達した（＊17）。また、現代において和食の基本的な食事パターンとされる「一汁三菜」が、料理屋から家庭へと移ったのも同時期である。戦前では、多くの日本人にとって、三度の食事において白いご飯に汁と三つもお菜を添えることは、現実離れした食事パターンであった。

第三章では、戦時体制下で起こった飲食業界の大衆化のなかで、和食が外食から家庭へ浸透していくプロセスを探る。例えば、美的な食事空間で四季折々の新鮮な食材を使った料理を芸術的な器に盛って提供していた高級とか一流などと呼ばれていた飲食店は、その時代に設定された公定価格制度によって、門を閉ざすか統制価格の範囲内の料理を出す低価格の料理屋に変わらざるをえなかった。そこでは、和食の特徴の一つとして現在クローズアップされている美的要素は失われたのである。そしてまた、高級飲食店の価格の引き下げは、価格が表す高級感や贅沢感を失わせ、客層も限られた富裕層だけではなくなった。それまでは高級飲食店の敷居を跨ぐことなど考えられなかった人たちが容易に利用するようになり、高級料理店と顧客で築き上げてきた独特の雰囲気は失われ、かわりに庶民的な料理屋との距離が一気に縮まり大衆化が加速した。

そして最後の第四章で、二一世紀に入ってから和食への注目が高まった状況を検証していく。その発端は、食文化が政府の推し進める日本のブランド化を支える要素の一つとして選ばれることである。現在は「食育」と「和食」という二つの柱がその構想を支えているが、初期の段階には「和食」という用語ではなく、「日本食」あるいは「日本食文化」もしくは「日本食材」という表現が使われていた。「和食」が、日本食のブランド化のなかで中心的な概念として展開するのは、二〇一一（平成二三）年の終わりごろにユネスコの無形文化遺産登録への強い願いが掲げられてからである。

先に述べたように、本書の目的は、明治時代に誕生した「和食」という概念の由来と変遷を探求することである。それと同時に、食の範疇にとどまらず近代史上に誕生した「和食」の由来に目を向けることによって、日本社会の変遷の一側面を示すという意義も本書にはある。つまり、現在脚光を浴びている「和食」は、日本人の伝統的な食文化というだけでなく、近代史を反映する貴重な文化財でもあることを明らかにするのである。

第一章

「和食」という用語

1　「和食」と「日本料理」の生い立ち

本章ではまず、「和食」という用語の生い立ちについて確認していくことにする。現在、「和食」という用語を国語辞典(＊1)で調べてみると、いずれも「日本風の食事。日本料理。」という説明を認めることができる。そして「日本料理」は、「日本の伝統料理のこと」、「日本の風土で独自に発達した料理」、「日本で発達した伝統的な料理」という意味が示され、「和食」の説明を補っている。中には、「和食」とも書き添えられているものもある(＊2)。

ところが、「和食」と「日本料理」の違いについて、一般社団法人「和食文化国民会議」会長の熊倉功夫氏は、「日本料理といった時のイメージは、料理屋で提供される高級料理のイメージがあり、家庭食に重点を置いた日本食文化の全体を見ようとすれば和食という言葉の方がふさわしい。」(＊3)と定義している。『類語大辞典』にも、「日本料理は、日本の（高級な）料理。ふつう家庭料理などは指さず、料理屋などの高級料理を指す。」(＊4)と示されているように、「日本料理」のイメージを高級料理ととらえる傾向がある(＊5)。

「和食」という言葉は、「日本料理」とともに文明開化の時代に西洋料理の導入によって生まれた言葉である。日本化を受けた西洋料理が「洋食」と呼ばれるようになると、これに対してできた言葉が「和食」である(＊6)。「日本料理」は、『日本料理法大全』(博文館)が出版された一八九八(明治三一)年を契機に一般化しており、「和食」の初見はまだ見出されていないが、それより時代が下るといわれている(＊7)。

では、文明開化以後に生まれた「和食」という用語は、いつごろから国語辞典に登場したのだろうか。時代をさかのぼって国語辞典をみることにする。一八九三(明治二六)年の『日本大辞書』(＊8)、一九一六―一九一九(大正五―八)年の『日本百科大辞典』(＊9)には、和食や日本料理、日本食だけでなく、西洋料理や洋食などの用語はなかった。昭和に入った一九三九(昭和一四)年の第一巻から数年かけて出版された『修訂大日本国語辞典』(＊10)にも、和食や日本料理、日本食の用語は登場していない。西洋料理は「西洋風の料理。肉を原料として、牛・豚の脂肪を用ひて調理するもの。即ち、びふてき・かつれつ・おむれつ・の類。」(＊11)と登場している。一九七〇(昭和四五)年に新装版として出版されたものも同様である(＊12)。第二次世界大戦後の一九五一(昭和二六)年に出版された『広辞林(新訂版)』(＊13)にも、西洋料理と洋食はあるが、和食や日本料理、日本食はない。一九八一(昭和五六)年に出版された『国語大辞典』に、ようやく、和食と日本料理の用語が登場した。「和食」は「日本風の食事。日本料理。」、

「日本料理」は「日本の風土の中で独自に発達し、日本人が通常食べる料理の総称。」と記述されている(＊14)。

その他の辞典類を確認すると、一九二八(昭和三)年に食べ物に特化した辞典『食物辞典』が出版されている。これには、「和食」や「日本料理」という用語は取り上げられていない。「西洋料理」の用語については、「欧米各国に行はるる料理にて、国々によりてもとより多少の相異はあれども、大体相似たるものなり。」と説明し、「料理法」「料理器具」「料理の種類」などについて詳細に解説している(＊15)。わずかに、「あさめし」の項目に、「朝飯　英 Breakfast 独 Frühstuck　あさはん、あさげともいう。一日中始めての食事にて、一日の食量の約三分の一を取るを普通とする。日本食にては仮に汁と青物を添へ、洋食にては大抵パンとバタに珈琲又は紅茶を添う。」と解説している(＊16)。ここでは、「洋食」に対して「日本食」という言葉を用いている。

一九七四(昭和四九)年に出版された『改訂食品辞典』第一一巻「料理用語」には、「西洋料理」や「洋食」の用語は取り上げられていないが、「日本料理」と「和食」の用語は確認できる。「日本料理」については、「日本風の料理のこと。」に始まる詳細な解説において、現在の日本料理の土台となる流儀が室町時代に生まれ、江戸時代に日本料理は完成されたとしている(＊17)。「和食」については、興味深い解説が記述されているので、いささか長文ではあるが全文を次に引用する。

日本風料理のこと。洋風の料理、たとえばカツレツなどが入っていても、日本式の食器などに盛り付けて出される場合は和食といわれる。形だけからきたもので、料理の内容については判然とした区別はつけにくい。(＊18)

ここでは、「和食」の料理の内容については、きわめてあいまいな表現にとどめられている。二〇〇二(平成一四)年に出版された『類語大辞典』では、「和食・洋食」の項目を設けて、「和食」「日本食」「日本料理」などの用語が取り上げられている(表1−1)(＊19)。

辞典以外の書籍刊行物について調査したところ、以下のような手がかりを得ることができた。最初に、国立国会図書館所蔵データベースの蔵書検索(＊20)から行った。図書館が設立された一九四八(昭和二三)年から二〇一四(平成二六)年までに出版された図書について調べたところ、タイトルに「和食」という言葉が含まれている書籍は五五二冊であった。納本制度(＊21)のおかげで、国会図書館の蔵本は、日本で発行されたすべての書籍をカバーしている。国内で出版物を発行する者は、出版社をはじめ個人も、刊行物を納本する義務があるからである。つまり、基本的には一九四八年から二〇一四年の間に日本国内で出版された書籍(＊22)の中で、「和食」

表1-1　『類語大辞典』(講談社，2002年)における「和食」に関連する用語とその意味

項目	意味
和食	米飯と汁，魚や野菜などを，醬油・味噌・塩などを使って調理した日本風の料理．
日本食	日本の食べ物・料理．海外に出たときに，他の国の料理と区別して用いることが多い．
日本料理	日本の（高級な）料理．ふつう家庭料理などは指さず，料理屋などの高級料理を指す．
本膳料理	冠婚葬祭などの儀式に供される，正式な日本料理．本膳・一の膳・二の膳からなる．
洋食	(多く) パン・スープ・サラダに肉もしくは魚を使った，西洋風の料理．
西洋料理	西洋の（高級な）料理．「洋食」というと，ふだんからなじみの深い西洋風の家庭料理をも含むが，「西洋料理」はそういった料理は含まない意で用いられることが多い．また，「フランス料理」「イタリア料理」など，その国特有の料理は「国名＋料理」で表現されることが多い．

出所：柴田武・山田進編『類語大辞典』講談社，2002年，1042頁．

という言葉が入ったタイトルのものは五五二冊であると確認できる。その半分以上が最近一〇年の間に出版されている。「和食」関係の出版点数が、初めて年間に一〇冊を超えたのが一九九六（平成八）年である。それ以前の一〇年間は年四冊から九冊程度であった。一九四八年から一九八五（昭和六〇）年までの三七年間には合計で一五冊しか出版されていない（図1－1）。ところが、ユネスコ登録の翌年の二〇一四年には年間五三冊という記録的な点数が出版されている（＊23）。

次に、国立国会図書館所蔵の近代デジタルライブラリー（＊24）に絞って検索を進めた。書籍のタイトルや目次に、「料理」という記述があるものは一八七二（明治五）年の初出から一番時代の新しい一九五〇（昭和二五）年の間

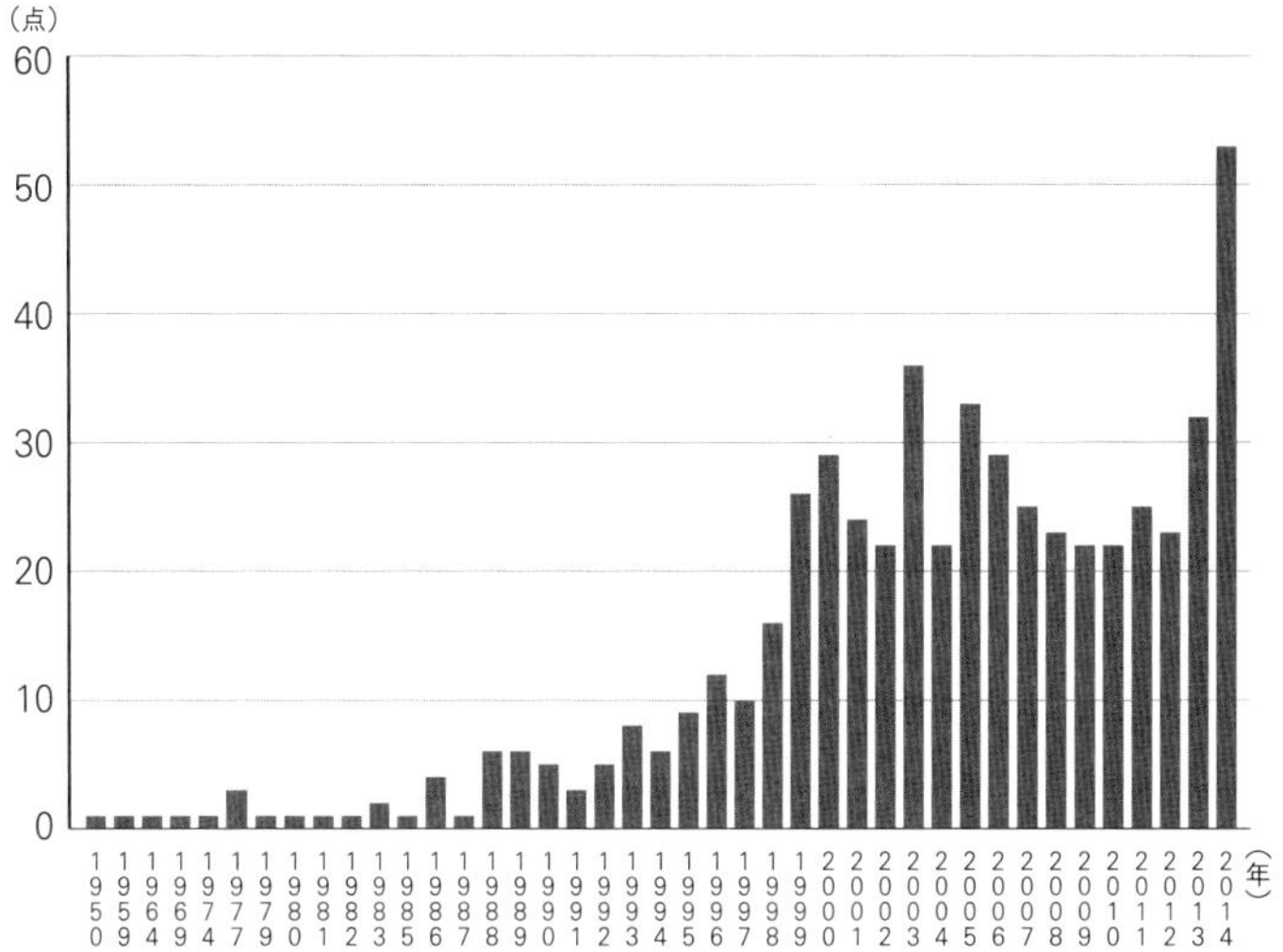

図1-1　「和食」をタイトルに含む書籍の刊行点数（国立国会図書館所蔵図書，1950-2014年）

出所：国立国会図書館 NDL-OPAC「蔵書検索（詳細検索）」（https://ndlopac.ndl.go.jp）を以下の検索項目で検索し，作成．資料種別は「図書」，タイトルは「和食」，出版年は「1948-2014年」［2014年2月23日最終検索閲覧］．

に二〇四三件（＊25）、「和食」という記述があるものは一九〇三（明治三六）年の初出から一番新しい一九四七（昭和二二）年の間に三一件（＊26）にすぎないことがわかった。

一八七八（明治一一）年に出版された『懐中東京案内』（＊27）には、「有名の料理屋」「有名の西洋料理」「有名の蒲焼」という項目は設けられているが、日本料理や和食という表現はまだ用いられていない。一八八一（明治一四）年に出版された『京都名所案内図会』（＊28）では、「西洋料理」「牛肉料理」「会席料理」

「生洲海川魚料理」「席貸料理」「精進料理」「佛事精進料理」「鮓商」「善哉しるこ」「鰌《どじょう》料理」「鶏肉料理」「麺類商」「鷺《さぎ》うずら」など西洋料理に対して数種類の料理屋を挙げている。

一八八四（明治一七）年に出版された『函館繁昌記』（＊29）の「西洋料理」の項で、「西洋料理」に対して「本邦ノ調理」という記述がみられようになる。一八八七（明治二〇）年に出版された『現今活用　続　記憶一事千金』（＊30）では、「西洋料理法」「日本即席料理法」「支那料理法」の三種類が区別して記述されている。これ以降、「日本料理」という用語が一般化する契機となる石井治兵衛著『日本料理法大全』（博文館）（＊31）が出版された一八九八（明治三一）年以前の出版物をみてみると、**表1―2**のとおりであった。

以上のように、「西洋料理」に対して「日本料理」という用語が次第に確立していく側面が読み取れる。その後、「和洋」と冠したタイトルのものでも、本文においては「日本料理」「西洋料理」と表記している。例えば、一九〇四（明治三七）年出版の『和洋家庭料理法』、一九〇八（明治四一）年出版の『和洋家庭料理法』（家庭割烹実習会編、春江堂）、一九一二（大正一）年出版の『実用和洋惣菜料理』、一九二三（大正一二）年出版の『和洋新家庭料理』、一九二七（昭和二）年出版の『誰にも出来る新しい四季の和洋支那料理』、一九二八（昭和三）年出版の『実用和洋料理法』など（＊32）では、いずれも「日本料理」「西洋料理」の表記を採用している。

料理法を記した内容のある書籍（＊33）に限れば、「和食」という表記を用いているものは以下

表1-2　1898年以前の出版物にみる「日本料理」に類似の用語

発行年	書　名	区　分
1891年	『国民之宝』（日用百科　第4巻　芸編　上）沢田誠武編，嵩山堂	「西洋料理法」「日本即席料理法」「支那料理法」
1890年	『実地応用万宝新書　坤』木戸清四郎，清水幾之助発行	「西洋料理」「西洋養生料理」「日本料理」
1890年	『実業家必携』篠原信康，五明堂	「西洋料理之部」「日本料理之部」
1891年	『日本女礼式』（閨秀錦嚢一名・婦人一代宝鑑）坪谷善四郎（水哉）編，博文館	「日本料理饗応の礼式」「西洋料理宴会の礼式」
1891年	『貴女のたから』嘯風吟月楼主人，細謹舎	「和洋料理法」「支那料理法」「西洋料理食法」
1893年	『家政学　上』下田歌子，博文館	「本邦料理」「西洋料理」
1893年	『婦女手芸法』（女学全書　第10編）須永金三郎，博文館	「日本料理献立及包丁式」「西洋料理」
1894年	『仕出しいらず女房の気軽　一名和漢洋料理案内』（寸珍百種第43編）自在亭主人，博文館	「日本料理の部」「支那料理の部」「西洋料理の部」
1894年	『新編家政学　下巻』（百科新書第11編）山崎彦八，長島文昌堂	「日本料理法」「西洋料理法」
1895年	『簡易料理』（家庭叢書　第8巻）民友社	「日本料理」「西洋料理」
1898年	日本食『料理手引草』（家庭文庫第4編）下田歌子，博文館	「本邦料理」「西洋料理」

出所：国立国会図書館「近代デジタルライブラリー」（http://kindai.ndl.go.jp）で検索し，作成［2014年2月23日最終閲覧］.

の二冊しかない。一九〇五（明治三八）年に出版された『新撰家事問答』（＊34）では、「和食調理法」や「洋食及び洋菓子調製法」という節や、割烹について「洋食調理に必要なる器具材料の名称を問ふ」、「和食の調理に就て心得を問ふ」という記述を認めることができる。また、一九〇七（明治四〇）年出版の『割烹叢話』

（＊35）では、「第一巻　和食割烹」、「第二巻　洋食割烹」の表記がなされ、書名の副題に用いられている。タイトルに和食の用語が見られるのは、前述の国立国会図書館の近代デジタルライブラリーの「和食」の検索結果三一件中、この一冊だけである。

「和食」という表現が用いられるようになるのは、二〇世紀に入ってからである。例えば、食べ歩きなどの刊行物では、「日本料理」の用語はあいまいなままであった。一九〇一（明治三四）年に出版された『東京名物志』（＊36）では「日本料理」「西洋料理」「鳥料理　附牛肉」という区別をしている。ところが、一九〇七（明治四〇）年出版の『最新東京案内』（＊37）では「料理店一覧」「西洋料理店一覧」「支那料理店一覧」、一九一二（大正二）年出版の『横浜』（＊38）では「主なる料理店」「西洋料理」「南京料理」というように、「日本」という用語を用いてはいない。一九〇三（明治三六）年出版の『道楽百種　人情快話』（＊39）では、「和食道楽」「洋食道楽」という区別をしている。近代デジタルライブラリーを見る限りでは、「和食」という用語の出現はこの書が一番古く、「日本料理」という用語が一般化する契機となった『日本料理法大全』が出版された五年後であることがわかった。

また、礼儀作法の書籍では、「日本料理」という用語よりも、「和食」と「日本食」が混在して用いられている（表1－3）。

表1－3に示したように、「和食」という用語は、料理方法を示す書籍よりも、礼儀作法を

表1-3　1900年代初期の礼儀作法の出版物にみる「日本料理」に類似の用語

発行年	書　名	記述例
1901年	『普通礼式』香雲軒， 盛林堂（東京）	「大饗宴に臨みたる時の心得 (日本料理の飲食法)」 「洋食するときの心得」
1909年	『日常国民礼法』 相島亀三郎・加藤末吉， 良明堂書店（東京）	「日本食の場合に於ける重なる心得」 「洋食の場合に於ける重なる心得」
1909年	『普通女礼式』 林甲子太郎編輯兼発行	「大饗宴に臨みたる時の心得 日本料理之飲食法」 「洋食するときの心得」
1911年	『作法教授要項』山鹿条次郎編輯， 点林堂（京都）	「日本食及其ノ饗応」 「西洋食及其ノ饗応」
1911年	『文部省御調査　師範学校中学校 小学校　作法教授要項』大葉久吉 編輯，宝文館（東京・大阪）	「日本食及其ノ饗応」 「西洋食及其ノ饗応」
1914年	『師範学校中学校　作法教授要項』 山下牛治，仁友社（東京）	「日本食及其ノ饗応」 「西洋食及其ノ饗応」
1924年	『増訂改版女子普通作法教科書』 錦織竹香，六盟館（東京）	「日本食」 「西洋食」
1926年	『Don't』大田柏露編， 文僊堂（東京）	「和食についての心得」 「食卓（洋式）についての心得」
1929年	『現代婦人宝典』 鈴木倉太郎（著作兼発行者）， 大日本家庭女学会（東京）	「和食の作法」 「洋食の作法」

出所：国立国会図書館「近代デジタルライブラリー」（http://kindai.ndl.go.jp）で検索し，作成［2014年2月23日最終閲覧］.

著したものに用いられる傾向がある。ここに「和食」＝「日本風の食事」という意味が確立した一端を確認することができた。

ただしここで、一つの見過ごすことができない大きな疑問をあわせて確認することになった。礼儀作法書では、「日本料理」という用語の使用がきわめて少なく、「和食」あるいは「日本食」と表記していることである。

本章のはじめに紹介した熊倉氏の「日本料理」と「和食」の定義によると、前者は料理屋が出す高級な食事、後者は家庭食に重点を置いた庶民的な食事、という格の違いによる区別が重要な要素となっている。しかし、昭和初期の礼儀作法書に説かれてある「和食」は、決して家庭食に重点を置いた庶民的な食事を意味するものではない。例えば、一九二九（昭和四）年に大日本家庭女学会卒業記念図書として編纂された『現代夫人法典』の中で扱われている「和食の作法」（＊40）は、社交の心得の一つとして「洋食の作法」とともに示されている。招待を受けたときの食事の作法と客をもてなすための「お膳の出し方」が示され、料理は料理屋の方法を簡単に紹介している。すなわち、ここで登場する「和食」は、少なくとも非日常的な御馳走なのである。一九三七（昭和一二）年に発行された『尋常三・四年作法実践細案』の尋常小学校四年生の作法指導の解説の「和食の作法」（＊41）では、食事に招かれた場合の着席から退席までを三汁七菜を例に解説されている。一九四〇（昭和一五）年に発行された『現代礼儀作法全書』では、饗応の礼儀作法の一つとして「和食の心得」（＊42）が取り上げられている。この書の「洋食宴会の心得」（＊43）には、晩餐会や園遊会における作法についても解説されており、「和食の心得」も庶民的な食事ではない。そもそも明治以降形成されてきた礼儀作法は、武士階層の習慣やマナーが一つの基準となっていたのであるから、庶民のものとは違っていた（＊44）。

礼儀作法書の中だけでなく、昭和初期の社会の中でも、礼儀作法における「和食」は庶民的な食事を表すものではなかった。例えば、一九三七（昭和一二）年一月一九日の「東京朝日新聞」のラジオ番組表を見ると、この日の「午前の部」一〇時三〇分から放送される「家庭講座食事の作法（三）『和食の頂き方』」の予告には、二汁五菜の正餐《せいさん》の頂き方を主として話すとある（＊45）。また、時代の下った一九八〇年代においても、読者からの疑問に答える形式の朝日新聞の連載記事「新おつきあい事典」の一〇一回目（一九八三年）では、「テーブルマナー」として「和食の配膳方法は」と「正しい箸の使い方」について取り上げられている。読者は、「夫のお客様は和食党。いつも配膳にまごつきます。洋食なら、格式あるレストランやホテルでの結婚披露宴などに出て、見よう見真似で覚える機会もありますが、和食となるとまったくお手上げ。ご飯とおつゆの右、左、お刺し身やおしょうゆ皿の場所……いちいちわかりません。」と質問している（＊46）。「和食」は洋食よりも見る機会が少ない食事で、家庭食に重きをおいた庶民的な食事などではないのである。

また、礼儀作法の中で取り上げられる「和食」が、庶民的な食事の意味を含んでいないだけではない。例えば、一九二八（昭和三）年九月二九日付の朝日新聞では、大正天皇の第二皇子秩父宮の結婚記事の見出しの一つに、「供膳の御式　御質素なる御和食にて両殿下午餐を召す」（＊47）と、皇族の食事に対して「御和食」との表記が用いられている（図1－2）。もし、「和食」が「日本料理」に比べて格下の庶民的な食事の意味合いが強いならば、皇族の食事に対して

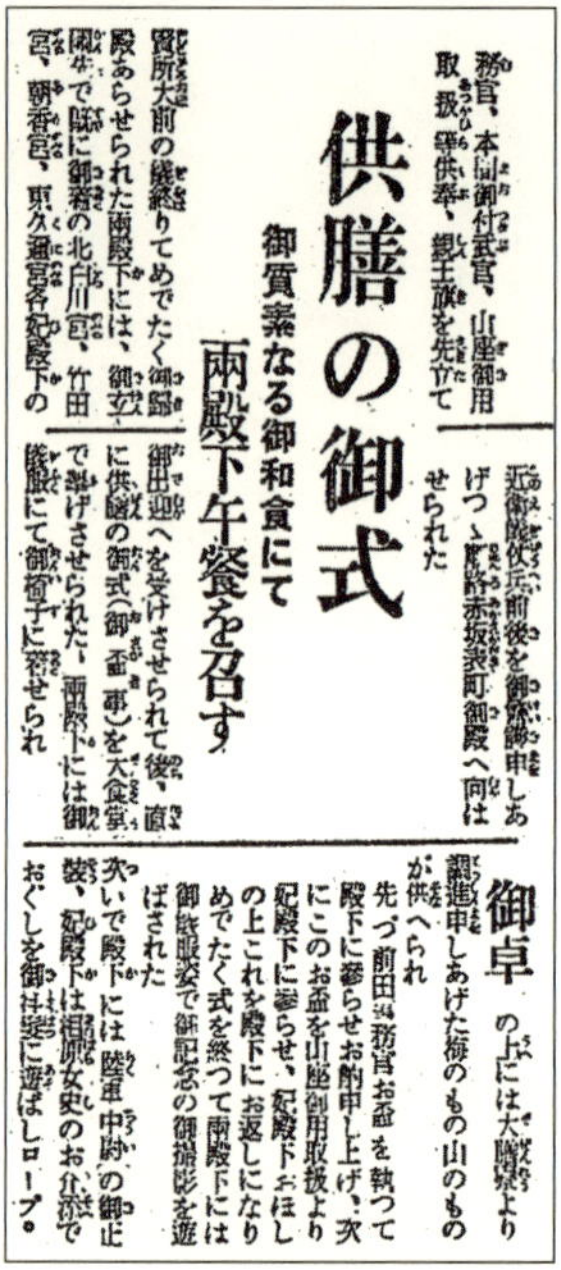

務官、本間御附武官、山座御用取扱等供奉、錦王旗を先立て

供膳の御式

御質素なる御和食にて

兩殿下午餐を召す

近衛騎兵前後を御警衛申しあげつゝ赤坂表町御殿へ向はせられた

賢所大前の儀終りてめでたく御歸殿あらせられた兩殿下には、御立閑なで既に御着の北白川宮、竹田宮、朝香宮、東久邇宮各妃殿下の御出迎へを受けさせられて後、直に供膳の御式(御盃事)を大食堂で擧げさせられた、兩殿下には御服装にて御椅子に着せられ

御卓の上には大膳寮より調進申しあげた海のもの山のものが供へられ

先づ前田事務官お盃を執つて殿下に參らせお酌申し上げ、次にこのお盃を山座御用取扱より妃殿下に參らせ、妃殿下おほしの上これを殿下にお返しになりめでたく式を終つて兩殿下には御旅服姿で御記念の御撮影を遊ばされた

次いで殿下には陸軍中將の御正裝、妃殿下は相原女史のお介添でおぐしを御洋髪に遊ばしローブ。

図1-2　皇族の食事を「御和食」と表記した新聞記事

出所：『東京朝日新聞』1928年9月29日，夕刊1面.

「和食」という用語は避けたであろう。少なくとも、この時点では「和食」に庶民的な食事の意味はほとんど含んでいなかったといえる。

ここで、新聞記事を手がかりとして、もう少しくわしく「和食」という用語が生活の中でどのように使われていたのかを見ていくことにする。資料として、読売新聞の記事データベース「ヨミダス歴史館」と朝日新聞の記事データベース「聞蔵Ⅱビジュアル」を用いることにした。両者はいずれも創刊号（読売新聞は一八七四〔明治七〕年、朝日新聞は一八七九〔明治一二〕年）から今日まで、本社版・地域版を問わずすべての記事内容の全文を読むことができる。これらのデータベースの全文検索機能を用いて、創刊以降現在に至る百有余年の新聞記事における「和食」という言葉の使用の変遷を追ってみた。なお、検索結果を集計するに際して、一九八九（平成一）年以前の調査については、検索キーワードと実際の記事の表記に違いが認められることが多いので、ヒット件数は実際の記事と一致したもののみとした。検索キーワードと実際の記事の表記の違いが生じる理由は、デジタル資料ではなく縮刷版の画像データを用いているため、実際の記事の文字情報が完全な形でデータ化されていないからである。そのため、「和食」というキーワードで全文検索やキーワード検索を行うと、「日本料理」や「日本食」、「本邦料理」などもヒットする結果となる。

「和食」というキーワードでヒットした最も古い日付の結果は、読売新聞では「ハワイ国王、九日に新富座公演、一三日芝・紅葉館で和食と能狂言」という一八八一（明治一四）年三月八日付であったが、実際の記事では「和食」という単語ではなく「日本風の料理」という表現が使われている。同じく朝日新聞の場合も、一八七九（明治一二）年二月一九日付でヒットしたが、「和食」ではなく「本邦料理」という表現が使用されている。このような結果は多くあったが、すべてヒット件数から除いた。また、検索対象期間において発行された新聞の一号あたりの紙数（頁）の増減も考慮すれば、出現割合で比較すべきであろうが、ここでは記事の内容も重要なことから件数で示すこととする。

結論から言うと、「和食」という言葉が新聞に出現する数が圧倒的に増えたのは、二〇世紀末からである。例えば、朝日新聞記事データベース「聞蔵Ⅱビジュアル」（朝日新聞デジタルおよび雑誌「アエラ」などを除く）で、朝日新聞の見出しと本文の両方を検索した結果、「和食」のヒットが初めて一年間に二〇〇件を超えたのは一九九八（平成一〇）年である。一九九九（平成一

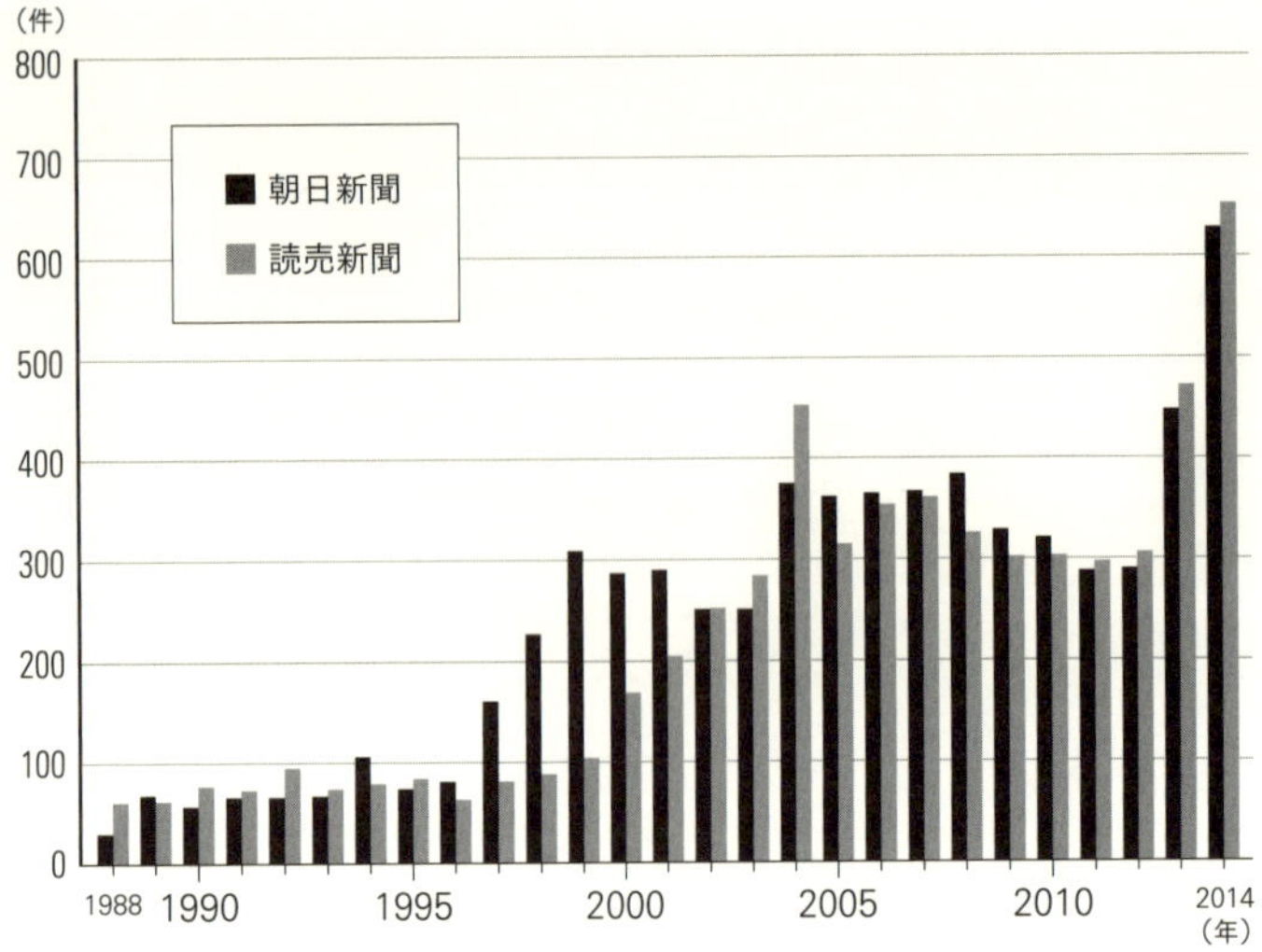

図1-3　新聞記事の見出しと本文に「和食」が登場する件数（1988-2014年）

出所：読売新聞の記事データベース「ヨミダス歴史館」，
朝日新聞の記事データベース「聞蔵Ⅱビジュアル」より作成．

一）年には三〇〇件のヒット数を超え、その後は三〇〇件前後で推移している（図1－3）。和食がユネスコ無形文化遺産として登録された翌年の二〇一四（平成二六）年には、倍以上のヒット件数が数えられる。

見出しのみを検索しても同じ傾向が見られた。一九九七（平成九）年までは、「和食」が見出しに使われているものは一年間に一桁を数えるにすぎない。一九八五（昭和六〇）年、八六年、八八年、九〇年、九四年、そして一九九五（平成七）年は、年間二ないし三件のヒットである。一九八九（平成一）年、九一年から九三年、九六年から九七年は、年間六ないし七件のヒットで

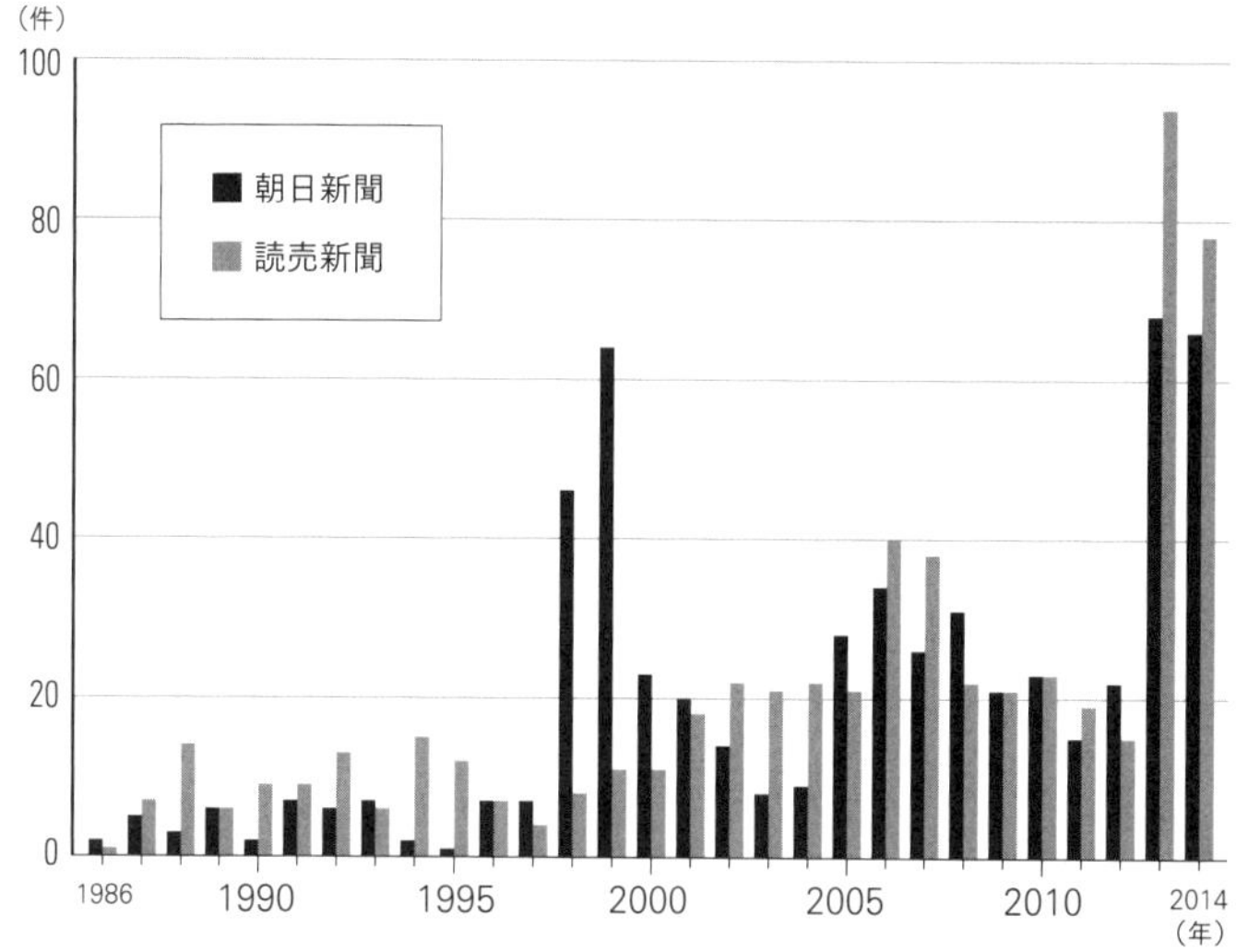

図1-4　新聞記事の見出しに「和食」が登場する件数（1986-2014年）

出所：読売新聞の記事データベース「ヨミダス歴史館」，
朝日新聞の記事データベース「聞蔵Ⅱビジュアル」より作成.

ある。一九九八（平成一〇）年になると、ヒット数は四六件に急増し、翌年の九九年には六四件にまで増えた。これは、日本料理店料理長の野崎洋光氏の連載コラム「和食をたのしむ」が一九九八年四月七日から二年間にわたって続いたことによる。朝日新聞の見出しの検索で、「和食」のヒット数がふたたび六〇件を超えたのは、ユネスコ登録の二〇一三（平成二五）年と翌二〇一四（平成二六）年だった（図1－4）。

不思議なことに、一九八〇年代以前には、「和食」という言葉が新聞記事に出現する頻度はきわめて少ない。一年間に一度程度かまったく出てこない年も多い。それは朝日新聞の場合でも

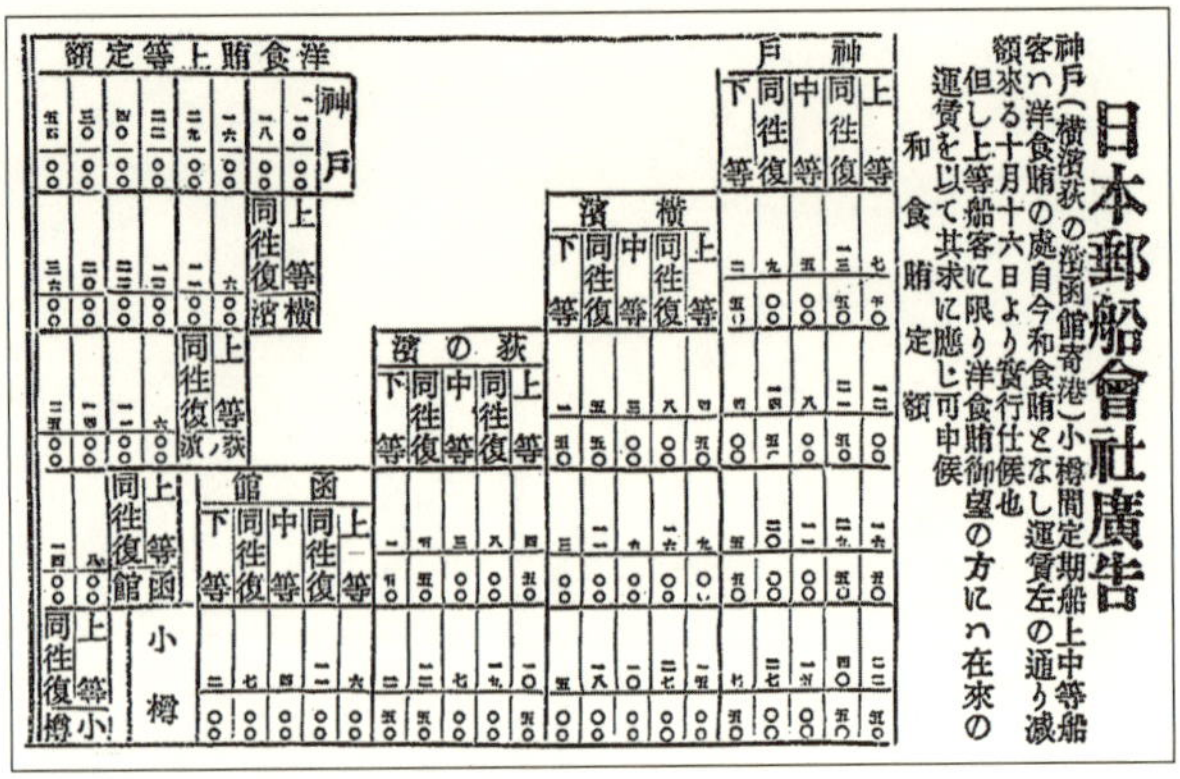
日本郵船會社廣告
神戸(横濱荻の濱函館寄港)小樽間定期船上中等船客へ洋食賄の處自今和食賄となし運賃左の通り減額來る十月十六日より貨行仕候也
但し上等船客に限り洋食賄御望の方にハ在來の運賃を以て其求に應じ可申候

図1-5　新聞紙上で最も古い「和食」の出現と考えられる日本郵船会社の広告

出所：『東京朝日新聞』1892年10月7日，朝刊6面.

読売新聞の場合でも同様である。少ないながらでも、それらの記事を分析した結果、「和食」という概念の歴史を探るのに貴重な発見が得られた。まずは、「和食」の意味合いについては、「和風な食事」という意味で洋食と対で使われることが多い。例えば、一番古い「和食」の出現は、一八九二(明治二五)年一〇月七日に朝日新聞に載った日本郵船会社の広告(＊48)である(図1−5)。この場合は、「和食」は「洋食」の対としての意味合いで使われている。広告の内容は、神戸―小樽定期船の乗客の食事について、洋食の場合と和食の場合の料金のお知らせである。一九〇九(明治四二)年九月三日付の朝日新聞の「三皇孫殿下御嗜好」という記事(＊49)には、明治天皇の孫の食事や学習の好みなどが紹介されている。その中で献立がくわしく紹介され、洋食や和洋折衷料理のほかに夜は常に和食が出るという。このように、「洋食」に対する「和食」という意味合いで使われている。

こうした「和食」という言葉の使われ方は、昭和時代に入ってからも続いている。例えば、朝日新聞の見出しをいくつか挙げてみよう。一九三一（昭和六）年六月一〇日の「世界航空一周競争　好意の和食調理」、一九六五（昭和四〇）年一月二二日の「胃ガン　和食の人の方が多い」（図1－6）、一九七七（昭和五二）年五月一六日の「がん　食物次第でこんなに差　『胃』にご用心、和食党」、一九八一（昭和五六）年一二月一八日の「和食人気やや回復」、一九八三（昭和五八）年九月一〇日の「『お年寄りには和食』と決めないで」など（＊50）は、いずれも洋食あるいは洋風の食事、西洋食などに対する「和食」という意味で使われている。

胃ガン
和食の人の方が多い
厚生省中間報告
洋風よりも胃に負担？
患者の37%　慢性胃病を経験

図1-6　厚生省「第3次ガン実態調査」中間報告を伝えた新聞記事

出所：『朝日新聞』（東京本社版）1965年1月22日，朝刊14面.

このような洋食の対となる食事という意味合いでの「和食」の用いられ方は、和食の海外進出にもつながる場合の新聞記事においても見られる。「和食」が見出しに現れたものをいくつか見てみよう。一九四〇（昭和一五）年八月八日付の朝日新聞に「朝晩は和食」という記事がある（＊51）。これは、香港で収容所に収監されている日本人の食事について、イギリスの管理下にあるが、香港の日本人が営む料理店から朝と晩の食事を取り寄せてくれている、と伝えるものである。一九四一（昭和一六）年六月一六日付の読売新聞の「汪主席けふ晴れの上陸第一歩　船中、和食が大持て」という記事（＊52）は、当時の南京国民政府の汪兆銘《おうちょうめい》が南京から神戸へ移動する船中で和食を注文する随員団が多く、晩餐のテーブルには和食が並んだと、和食人気を伝えている。

一九五四（昭和二九）年一一月二一日の読売新聞に、「渡豪巨人、西大使招宴に　各国大使も参加、和食に舌つづみ」という見出しで、オーストラリアを訪れている東京読売ジャイアンツ親善チームが、キャンベラの日本大使公邸のガーデン・パーティーに招待され、蕎麦や天麩羅、福神漬などの日本食に舌鼓を打ったと書かれている（＊53）。この和食のパーティーには、アメリカ大使をはじめ各国大使も招待されていたという。一九七四（昭和四九）年九月一三日付の朝日新聞の「腹が減っては…　大使招待宴で和食大もて」という記事には、テヘランの日本大使公邸でアジア大会参加の選手団を招待した夕食会が催された様子が載っている（＊54）。食事は、大使公邸料理人はじめ大使夫人や日本人会の夫人たちが日本の味を用意して選手にふるまったそうである。一九六八（昭和四三）年九月二五日付の朝日新聞は、三週間後に控えたメキシコ・

オリンピックに関連した連載企画「メキシコ五輪　日本選手団の裏側」の第一回目で、「こんな包の中身　気付け薬の和食」と題して、選手団が現地に送り込む荷物についての話を載せている(＊55)。これによれば、食材も多く、米をはじめインスタント味噌汁や梅干や漬物類などが選手団とともにメキシコに出発するという。

外国人が主役になる記事においても「和食」という言葉が用いられている。一九七七(昭和五二)年七月九日の朝日新聞に掲載された「和食がお好き?」という記事は、来日回数の多い外国人演奏家には日本料理のファンが多く、テノール歌手のルチアーノ・パバロッティなど著名な演奏家の日本での食事のエピソードを紹介している(＊56)。そして、その九年後の一九八六(昭和六一)年四月一八日の朝日新聞に、来日を控えたチャールズ英皇太子夫妻が駐英大使公邸で日本料理を取り混ぜた昼食を食した記事が掲載された(＊57)。見出しを「ダイアナ妃は和食がお好き」と打ち、二度目の来日になる皇太子は日本食が好きだと言い、初来日のダイアナ妃はアナゴやえびの一口寿司などもぺろりと平らげ、これからお箸の使い方を練習すると語ったという内容が書かれている。これらの記事に出現する著名な音楽家や英皇太子夫妻が食べた「和食」は、決して庶民的な食事ではない。

明治・大正・昭和にわたって「和食」が出現する新聞記事を調べた結果、先に述べた礼儀作法書や辞典、食べ歩き書などと同じように、「和食」という言葉は「日本風の食事」という意味で使われていることが確認できた。そして、「庶民的な日本料理」という意味を含んでいる用例はみられなかった。もし、「和食」が料理屋で提供される高級料理ではなく家庭食に重点を置いた庶民的な食事という意味があるとすれば、それは時代が平成に入ってから生まれたニュアンスなのである。

2　外食にみる「和食」

前節で見てきたように、「和食」という言葉は一九世紀の終わりごろに誕生して以来、長年にわたり、あまり一般的には使用されていなかった。料理書においては「日本料理」という表現が使われる方が多く、新聞においても出現することはまれであった。「洋食」の対となる用語として普及していった「和食」という新しい熟語が、庶民の間になじみ始めたのは、むしろ外食の場である。

例えば、読売新聞のデータベース検索における「和食」の初出は、一九〇七（明治四〇）年一二月二七日付の「食堂列車中の元旦馳走」の記事である（＊58）。これは、新橋―神戸間の急行列車に連結している和食食堂が、大晦日に乗車して元旦を車中で迎える乗客のために雑煮と数の子などの正月料理を通常の朝飯と同価格で提供するというものである。一九〇九（明治四二）

年八月一八日付の朝日新聞の記事も、「東海道列車食堂の改良」という見出しで、列車食堂の請負業者についての内容である。その中で、新橋発神戸行きの三等急行列車のみに連結していた和食食堂車を、神戸発新橋行きの二等急行列車にも連結すると書いている(*59)。

明治時代の中ごろから流行し始めた西洋料理は、自宅ではなくむしろ外で食べるものであった(*60)。西洋料理を食べさせる料理屋の歴史は一八六〇年代にまでさかのぼる。西洋料理屋は、函館をはじめ長崎や大阪、神戸、横浜、東京などの開港地を中心に各地で開業していった(*61)。

明治時代と大正時代に読売新聞が掲載した料理屋の広告に、「西洋料理」の名称が初めて登場するのは一八七五(明治八)年で、「洋食」よりも数年先行している(*62)。「洋食」の名称の広告が初めて掲載されるのは、「西洋料理」の活字が広告に登場してから八年後の一八八三(明治一六)年五月一〇日付である(*63)。

その後、「西洋料理」と「洋食」の両方の名称が新聞広告に登場してくるが、その数は文字数の多い「西洋料理」の方が圧倒的に多く、「洋食」は少ない。しかもこのころの「洋食」という言葉は、庶民的な日本式西洋料理という意味の用語としては、まだ使われていない。例えば、一八九一(明治二四)年二月四日付の読売新聞に掲載されている帝国ホテルの広告には、「集会や宴会のほかに、洋食の仕出しや出前の注文を一二名以上から受ける」とある(*64)。同じく一八九九(明治三二)年三月二一日付の読売新聞に載っている平野亭の洋館落成挨拶の広告や、一九〇五（明治三八）年七月四日付の朝日新聞に掲載の早川本店の新築落成売出し披露の広告も（＊65）、決して庶民的な洋食屋という雰囲気ではない。

日本に西洋料理店が開業したはじめのころは、まだ一品料理ではなく、コースの決まった定食を食べさせていた。一品料理が料理屋で提供されるようになるのは、明治後期から昭和初期にかけてライスカレー、ハヤシライス、オムライス、コロッケ、カツレツなどの日本化した「洋食」が工夫されてからである（＊66）。明治二〇年代半ばの東京のガイドブックに掲載されている在京の西洋料理屋は九〇軒である。これらの料理屋は、西洋料理屋として新規に開業したものもあれば、日本料理屋を母体としたものもあった。そのため、西洋料理屋開店後に日本料理も兼業するという店もあった（＊67）。

二〇世紀に入ると、手軽な洋食を出す飲食店が増えていった（＊68）。例えば、通勤や通学の往来が多い大阪の阪急梅田駅構内に開設された電鉄直営の阪急食堂では、ビーフステーキ、カツレツ、オムレツ、ハムサラダ、コロッケ、ライスカレー、定食などの洋食が供された（＊69）。

そして特筆すべきは、百貨店食堂という新しい食事の場ができ、洋食屋とともに洋風の食事を提供する場として、次第に都市から地方へと普及していったことである。初めて食堂を店内に設けた百貨店は、東京の白木屋で一九〇三（明治三六）年のことであった。ただし、それは独立した食堂ではなく子どもの遊戯室での営業で、近くにある「食傷新道」と呼ばれる食い物

表1-4　東京三越百貨店の1921年の食堂メニューにみる飲食

筆者による分類	品書き（メニュー表記のまま）
お食事	鰻めし，日本食，鯛めし，鳥そぼろめし，親子めし，御弁当，赤飯（にしめ付），サンドウイッチ
おすし	むしずし，五もくずし，寿司，大阪ずし
西洋菓子	洋菓子，ドーナツ，プツデング，パイ，アイスクリーム
日本菓子	和菓子，和菓子（君が代）
飲み物	カルピス，ココア，コーヒー，紅茶，ウーロン茶，均等牛乳，三ツ矢サイダー，三ツ矢平野水，シトロン，金線サイダー，金線ポート
お 餅	御膳しるこ，小倉しるこ，団子，田舎しるこ，おぞうに，萩の餅
そ ば	天ぷらそば，おかめそば，ざるそば，そばずし（そばは専用の「そば売場」で販売）

出所：「三越食堂の特色」，『三越』11月号，三越，1921年.

横町から寿司は「帆かけ寿司」、御汁粉は「梅園」、そばは「東橋庵」などが出店したものであった（＊70）。一九〇七（明治四〇）年に新築された東京三越百貨店の食堂では、同社のPR雑誌『時好』によれば、「日本食あり、寿司あり、名高い本郷藤村の日本菓子もあれば、西洋菓子の元祖たる赤坂森永商店の出張せるあり、珈琲も飲むべく、茶も喫すべく」というように、和風のものとともに西洋菓子とコーヒーや紅茶が提供された（＊71）。そして、食堂を広くした一九二一（大正一〇）年のメニューを見ると、品数全体も増えているが、とくに洋風デザートの種類が大幅に増えたことがわかる（表1－4）。しかし、「和食」と「洋食」の区別はまだ行われていない。

昭和初期になると、百貨店食堂が全国的に一般化すると同時に、「和食」というカテゴリーがメニューに使われ始めた。その当時、百貨店食堂においてどのような料理が「和食」という概念に入っていったのかを見てみよう。例えば、一九二七（昭和二）年の白木屋七階食堂のメニューには、「和食」「鰻《うなぎ》」「御寿司」「おそば」「支那料理」「西洋料理」「御菓子」「御飲物」というカテゴリーが見られる。「和食」として提供されたのは、次のような料理である。日本定食、おさしみ御飯（おわん付）、御弁当（おわん付）、鍋料理、天ぷら御飯、御手軽料理、親子丼、天丼、御子様弁当、茶わんむし、御吸物の一一種類である（*72）。三年後の一九三〇（昭和五）年の三越地階食堂のメニューでは、「和食」「御寿司」「和菓子」「洋食」「支那食」「洋菓子・果物」「御飲物」のカテゴリーが見られる。「和食」として提供されているのは、蒲焼御飯（肝吸付）、御中食、松坂弁当（御わん付）、鳥料理、天ぷら御飯、おさしみ御飯、御手がる料理、うなぎ御飯、あづま弁当、鯛《たい》めし、赤飯弁当、御子様弁当、柳川丼、親子丼、天丼、野菜丼、大阪風饅《ぬた》丼、玉子焼、御吸物椀の一九種類である（*73）。

つまり、昭和に入ってからの百貨店の食堂は、和と洋の食事をともに提供する典型的な場となると同時に、「和食」という言葉が普及する環境にもなっていた。その様子は、一九三七（昭和一二）年に出版された『日本百貨店食堂要覧』によく表れている。全国の百貨店は、和食専用と洋食専用の別々な食堂を設けた場合もあれば、前述の白木屋や三越のメニューに表れているように一つの食堂で和・洋・支の料理を提供している場合もあった。大阪の百貨店の場合、阪急と三越と大丸は、七階食堂が和食を、八階食堂が洋食を提供した。そごうは、七階に和・洋・支那食堂と喫茶をあわせた大食堂を設置したほかに、六階に純南フランス料理の洋食堂と、地階に味自慢の和風御好み食堂を設けている。東京の場合では、浅草松坂屋は六階大食堂と地階食堂の両方で和と洋の料理がともに出されていた。銀座三越の場合は、地階に和洋食堂が設けられてあった。名古屋の松坂屋は、地階には第二和洋食堂を設けており、六階大食堂は入口前の写真に写っている「見本陳列」(サンプル)の様子から判断すると洋食専用であった(＊74)。

以上のように、「洋食」に対立する用語として普及していった「和食」という新しい熟語は、外食の場をとおして庶民の間になじんでいった。そのなかで百貨店の食堂の役割は大きかった。大正から昭和初期にかけて、百貨店には、買い物だけでなく博覧会や美術展などの催し物の見学や女性向けの講習会の受講など、さまざまな目的の来店者が(＊75)、店内の食堂を見たり利用したりすることも多くなってきていたからである。実際、一九二九(昭和四)年に世界初のターミナルデパートとして創業した阪急百貨店の場合、開業半年間の利用客数の記録から算出すると、一日平均約六八〇〇人が利用していたほどである(＊76)。

しかし、「和食」という言葉が料理のカテゴリーとして使用されたのは、百貨店食堂の世界のみに限られたことだった。広く普及するには、二〇世紀の終わりまで待たねばならなかった。それをよく示しているのが、職業別電話帳である。著者らは、東京都立図書館所蔵の東京の電話帳を分析した(*77)。一九一七(大正六)年発行の『東京横浜職業別電話名簿』以降、数年ごとに新しいバージョンが発行されるため、時代の流れとともに飲食店の業種が分類される変遷をたどるのにも有効な資料である。しかし、ここでは「和食」という言葉が料理のカテゴリーとして使用された来歴についての分析結果のみ述べる。

約一〇〇年間におよぶ電話帳を調べた結果、「日本料理」が電話帳の中で飲食店のカテゴリーとして最初に登場するのは、一九八〇年代半ばになってからである。このころは、「レストラン・グリル・各種料理・軽食」というカテゴリーの下に、八〇種類あまりの細かいカテゴリーが設けられた。その一つに「日本料理」がある。一九九〇(平成二)年になると、細かいカテゴリーは整理され、そのかわりに「日本料理店」という大カテゴリーが登場し、その中に「日本料理」「お茶漬け・おにぎり」「おでん」「懐石料理」「割烹・料亭」「小料理」「しゃぶしゃぶ」「すきやき」「ちゃんこ」「天ぷら料理」「ふぐ料理」「ろばた焼」の一二種類が組み込まれた。

そしてようやく二〇〇〇(平成一二)年に、シーン別索引「生活サポートページ」の「食べる」の七つのカテゴリーの一つに「和食・日本料理」が登場する。「和食・日本料理」には、魚料理店、うどん・そば店、うなぎ料理、お好み焼・たこ焼、お茶漬け・おにぎり店、おでん料理店、懐石料理店、かき料理店、かに料理店、牛たん、串かつ料理店、しゃぶしゃぶ料理店、すきやき料理店、すし店、ちゃんこ料理店、てんぷら料理店、鳥料理店、とんかつ店、日本料理店、ふぐ料理店、もつ鍋店の二一種類が含まれている。

二〇〇四（平成一六）年には、「生活シーン別索引」の「グルメ」の中の九つのカテゴリーの一つに「和食」として初めて登場する。「和食」には、日本料理店をはじめ二九種類が含まれている。ところが、わずか三年後の二〇〇七（平成一九）年には、「グルメ（飲食関連）」の一つのカテゴリーに日本料理店をはじめとする各種料理店がまとめられて、「和食」というカテゴリーはいきなり消えてしまった。

しかし、二〇一五年現在、NTTの電話番号検索サイト「iタウンページ」（＊78）では、「和食」は「グルメ・飲食店」の中のカテゴリーの一つとして存在している。その中には、日本料理店をはじめとし、割ぽう料理店、一品料理店、懐石料理店、料亭、小料理店、創作料理店、鍋料理店、てんぷら料理店、家庭料理店、ろばた焼店、串揚げ料理店、おでん料理店、炭火・七厘焼料理店、会席料理店、ちゃんこ料理店、釜めし料理店、豆腐料理店、すっぽん料理店、山菜料理店、精進料理店、お茶漬店、とろろ料理店、麩《ふ》料理店などが含まれている。

以上のように、職業別電話帳のカテゴリーとして「和食」が登場するのは、二〇〇〇（平成一二）年になってからである。これは、本章第一節で述べた新聞記事の検索結果と同じような傾向を見せている。「和食」という言葉が、私たちの身近になってなじんでくるまでには、熟語の誕生から約一〇〇年の歳月を要しているのである。そして、現在いわれている「高級ではない庶民的な食事」という「和食」の意味合いも、歴史家の目から見れば、つい最近になってできたニュアンスでしかない。社会言語学者が、ことばというものは「一時たりとも留まることなく常に移ろいゆくものである」(*79)と指摘するように、それは「和食」にもあてはまる。ただ単に「和食」という熟語だけではなく、日本文化としての「和食」についても言えることなのである。

第二章

お米を中心とする食事

1　ご飯――明治から戦後の米飯事情

本章では、ご飯（米飯）に焦点を当てて和食という食事をみていくことにする。ユネスコ無形文化遺産への登録申請では、「『和食』は料理そのものだけではなく、『自然を尊ぶ』という日本人の精神に基づいた『食』に関する『習わし』と位置づけられており、ご飯を中心とする食文化のことを指します」とされている（＊1）。そして、和食文化国民会議会長の熊倉功夫氏も、和食の一番基本的な要件はご飯であると主張している（＊2）。しかし、民俗学者の柳田国男氏は、一九三一（昭和六）年に刊行した著作『明治大正史　世相篇』の中で、「温かい飯と味噌汁と浅漬と茶との生活は、実は現在の最小家族制が、やっとこしらえ上げた新様式であった。」と述べている（＊3）。柳田氏が言う「現在」とは、明治・大正時代のことである。つまり、ご飯とおかずの食生活は明治・大正時代の新様式であるというのである。また民俗学者の宮本常一氏も、明治・大正時代をさして「いよいよ米飯がわれわれの日常主食の基礎となってきた」と述べている（＊4）。日本が古来より豊葦原瑞穂国《とよあしはらみずほのくに》と呼ばれ、コメを中心とした歴史を積み重ねてきたことに異論はないが、お米のご飯を主食とする食事については近代史の重要性を確認する必要がある。

◉——明治・大正期における米食

日本全国津々浦々の人々がお米のご飯を主食とするようになる近代の変遷をたどってみる。近世年間には、米の精白の度合いが高まり、江戸煩いと呼ばれるビタミンB1欠乏症の脚気《かっけ》が、江戸や京都や大坂で流行していたこともあるが(*5)、白い米のご飯を日常的に食べていた人はきわめて一部の人だけであった。少なくとも幕末のころは、江戸や大坂の武士や商人階級など限られた人だけが米を主食とし、ほかの多くの人々は雑穀の比重が高かった(*6)。農民では、米が半分程度入った飯だった(*7)。

内務省勧農局が、一八七九(明治一二)年から一八八〇(明治一三)年に庶民に日常食材の聞き取りをした調査結果を編集し、一八八一(明治一四)年に刊行した『第二次農務統計表』に掲載された「人民常食種類比例」(*8)には、全国平均値として米が五三%、麦が二七%、雑穀が一四%、蔬菜《そさい》が五・二%であると記述している(*9)。ただし、庶民の食材の構成比を示しているのみで、米だけで食べたのか、何か混ぜたのかなど飯の内容は不明である(*10)。とくに地域差が大きかったことは、近代初期に刊行された統計資料や地誌書の分析から明らかにされている。例えば、近代初期の近江（滋賀県）や伊賀（三重県）は米の割合が高く、長崎県中部の米の消費量は滋賀県民の八分の一で、全国平均と比べても四分の一と少ない（＊11）。お米のご飯は多くの場合、庶民の日常的な主食ではなかった。

米の消費量が増えてくるのは、明治二〇年代になってからである。都市人口の増加にともなって、米食と粉食が増加し、米と麦類の一人あたりの消費量が増加し始めたのである（＊12）。とくに、弁当を必要とする勤労者層に米食は普及していった（＊13）。そして、明治新政府の組織した軍隊も米食の拡大に大きく関与した。一つは、軍隊生活での米食（麦の混用の少ないご飯）の食事経験が、地方へ米食を広げる要因にもなった（＊14）。もう一つは、兵舎の残飯は売り渡され、貧しい人々にも米食の味を広げるきっかけを作った（＊15）。米の消費が拡大するなか、その供給には国内生産の米だけでなく輸入米もあてられた。米の輸入は、幕末から行われていたが、一八九〇（明治二三）年の米価暴騰を契機に輸入規模を拡大し、明治三〇年代後半には国内生産量の一割前後を毎年輸入している（＊16）。米価暴騰以前は、輸入米に対する人々の評価は低く、売りさばくのも困難なほどであったが、国内産の高額の米が買えなくなった庶民は輸入米を値段が安くて麦飯よりは美味いと歓迎した（＊17）。この安い輸入米は、庶民の間に米食を広げることになった。米の消費が増加すると、米食に関連する味噌や醤油などの調味料、漬物の材料になる野菜の生産量、塩干魚類の漁獲高も増加した。明治二〇年代には、醤油や味噌の原料となる大豆は、国内生産が急増しただけでなく、輸入も増大した(*18)。

しかしながら、大正末期から昭和初期になっても、白いご飯を常食にできたのは、ごく一部の人だけだった。一九八〇年代に、日本全国の大正末期から昭和初期にかけての食生活を聞き書き調査してまとめた『日本の食生活全集』(*19)にはその様子が述べられている。『日本の食生活全集』の聞き書き調査は全戸調査ではないため、同一地域でも職業や資産状況、家族構成などによって食生活は異なる。例えば、一九二二(大正一一)年一月の愛媛県の農家の食事調査では毎日白米を食べているという報告もある(*20)が、『日本の食生活全集』の愛媛県内の聞き書きでは主な基本食が白米の地域はない(*21)。しかし、大正末期から昭和初期の食事の状況を経験者から聞き書きするという同一条件での全国調査は、当時の日本全国の人々の食事の傾向をうかがい知ることはできる。『日本の食生活全集』において、主食もしくは主な日常食として「白米飯」「白飯」「白ごはん」などが報告されている地域を図2－1に示した。図には、六分搗きや八分搗き、くず米など質のよくない米飯も含めたが、白いご飯を毎日食べていた地域は少ないことがよくわかる。

近世から白い米のご飯を食べていた人が多かった東京や大阪でさえも、居住地によって日常の食生活は異なっていた。例えば、東京の下町では日常食べるご飯は白飯がほとんどだったが、東京湾の北西に位置する大森海岸では麦飯だった(*22)。大阪市内の商家ではいつも白いご飯だ

図2-1　大正末期から昭和初期に日常食として白米飯を食べていた地域

＊［　］内は『日本の食生活全集』の地域名を示す.
＊主食もしくは主な日常食として,「白米飯」「白飯」「白ごはん」などと報告されている地域を示しているが, ここでは6分搗き, 8分搗き, くず米なども白米に含めた. また, 特定の期間（例えば田植えから夏, 夏と秋など）だけに白米飯を日常食とする地域は除いた. 地域名の記載は『日本の食生活全集』に従った.
出所：『日本の食生活全集　全50巻』農山漁村文化協会, 1984–1992年をもとに筆者作成.

ったが、大阪市の北を流れる淀川流域の北河内地域では日常の食事は麦飯で、白米飯は正月や法事など特別な日に食べるものだった（＊23）。大阪市の南に位置する南河内山村地域では、耕地が少ないため、炭焼きなどで得た現金収入で買った米を毎日食べていた（＊24）。

◉──第二次世界大戦前後の食糧事情

第二次世界大戦前後の数年間は、日本の歴史の中で食糧事情の面ではきわめて厳しい時期であった。一九三一（昭和六）年に勃発した満州事変を契機とする一五年戦争が一九三七（昭和一二）年に日中戦争へと拡大し、さらに一九四一（昭和一六）年には太平洋戦争開戦へと苛烈な状況に突き進み、やがて一九四五（昭和二〇）年に敗戦、そして連合軍による占領へとめまぐるしく世の中が変化した、まさに激動の時代である。戦争がもたらした痛苦が多くの人々の人生を破壊し、日本の近現代史上で食糧事情が最も悪化した一〇年である。

戦中・戦後の食生活を扱う研究や体験記や日記など多くの著作によって、当時の悲惨な食糧事情をうかがい知ることができる（＊25）。例えば、普通の主婦の手記をまとめた『主婦の戦争体験記』には、疎開先での食事は三食ともサツマイモの葉や豆かすや雑穀入りのお粥がたった一杯だけだったことや、敗戦後は主食として肥料にするような豆かすが配給されたことが記されている（＊26）。また、一冊全部を「戦争中の暮しの記録」の特集だけで埋めた『暮しの手帖』第九六号（一九六八年）には、農家の食糧事情も手記の形で掲載されている。収穫した食べ物は政府の供出制度に従わなければならなかったため、野草やフスマ（小麦の皮のくず）のお粥を食べる日々だったという（＊27）。これらは一例にすぎないが、多くの人々がご飯を中心にした食事ができなかっただけでなく、食べるものを手に入れるのも難しい状況だった。

統計の数字にも、この時代の食糧事情がよく表れている。図2－2は、一九三〇（昭和五）年から一九五〇（昭和二五）年の一人一日あたりの米の消費高を、『農林省累計統計表』の米穀需給表（＊28）から算出したものである。この値は、米穀年度（前年一一月一日―当年一〇月三一日）ごとの全国平均値であるから、地域や季節によって違いがあるが、全体的な傾向をとらえることは可能である。一人一日あたりの米の消費高は、一九四〇（昭和一五）年から徐々に減り始め、敗戦の一九四五（昭和二〇）年には二合二勺《しゃく》（三一五グラム）に急激に減少した。そして翌年の一九四六（昭和二一）年には、一合五勺（二一五グラム）にまで落ちた。この値は、太平洋戦争突入前の約半分にまで減少したことを示している。一九四七（昭和二二）年にいくぶん持ち直したものの、敗戦前の量にも満たないままの状態が続いている。

図2－3は、味噌や醬油などの調味料について『食料品配給公団総覧』が示す消費量と推定配給人口から、一人一日あたりの消費量を算出して示したものである（＊29）。いずれも、戦中・戦後と減少の一途をたどっていることがわかる。

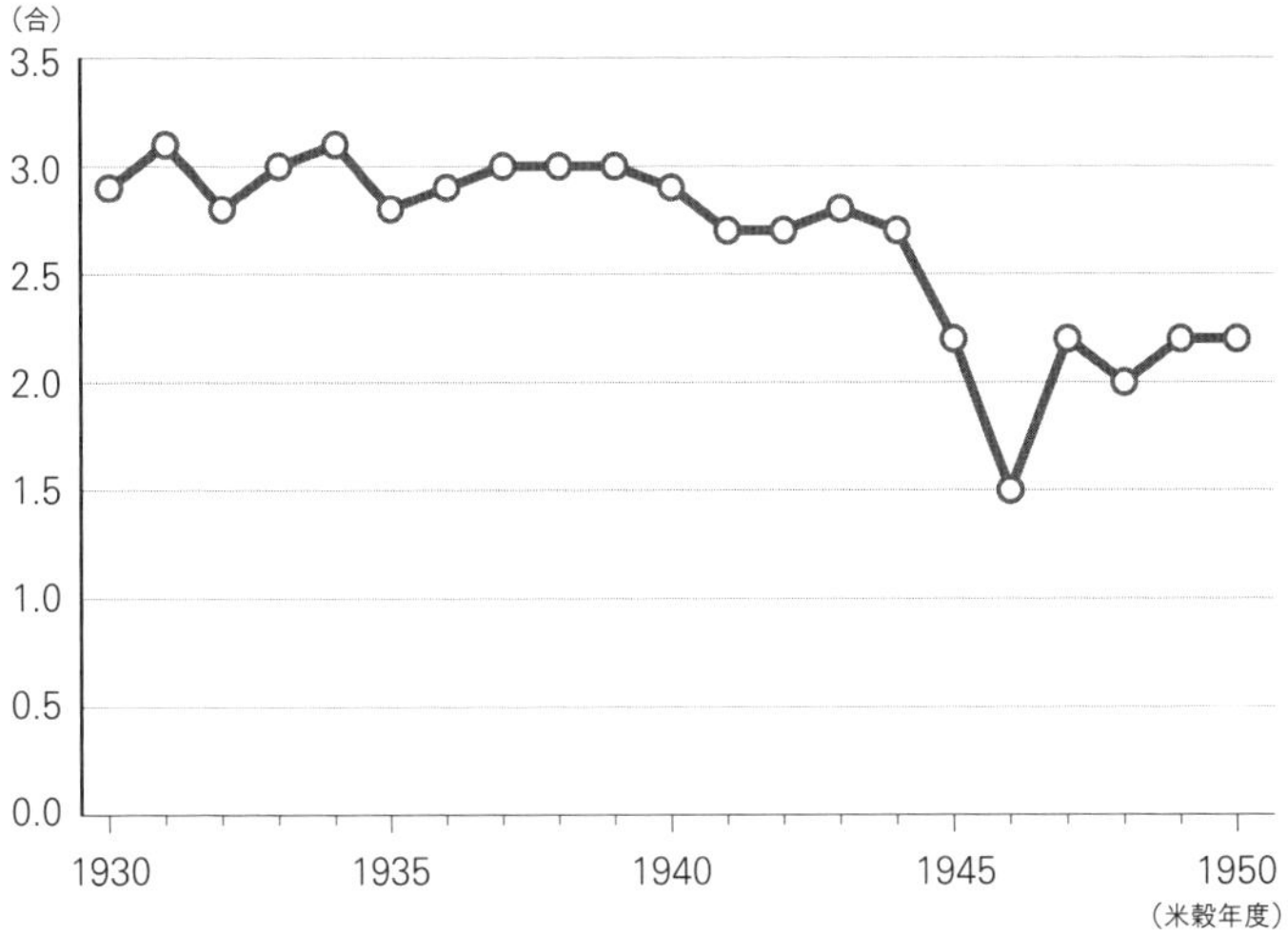

図2-2　米穀需給（1人1日あたりの消費高）（1930-1950年）

＊米穀年度は，前年11月1日から当年10月31日をさす．
出所：農林省農林経済局統計調査部編『農林省累計統計表　明治1年-昭和28年』農林統計協会，1955年，162-163頁「米穀需給表」より作成．

また、穀物のみならず、海産物や野菜類も著しく不足していたことが、アメリカの戦略爆撃調査団の調査報告に記されている(＊30)。海産物は、太平洋戦争開戦前は一人一日あたり魚が約七〇グラムと海藻が約二〇グラム供給されていたが、一九四二（昭和一七）年には東京における供給量は開戦前の五〇%に減少し、一九四三（昭和一八）年末には魚が約七グラムだけとなった(＊31)。野菜類は、六大都市部（東京・大阪・京都・名古屋・神戸・横浜）では、一九三六（昭和一一）年には一人一日あたり二三六グラムであったが、一九四三年初めには一四八グラムに減り、一九四四（昭和一九）年初めには一二

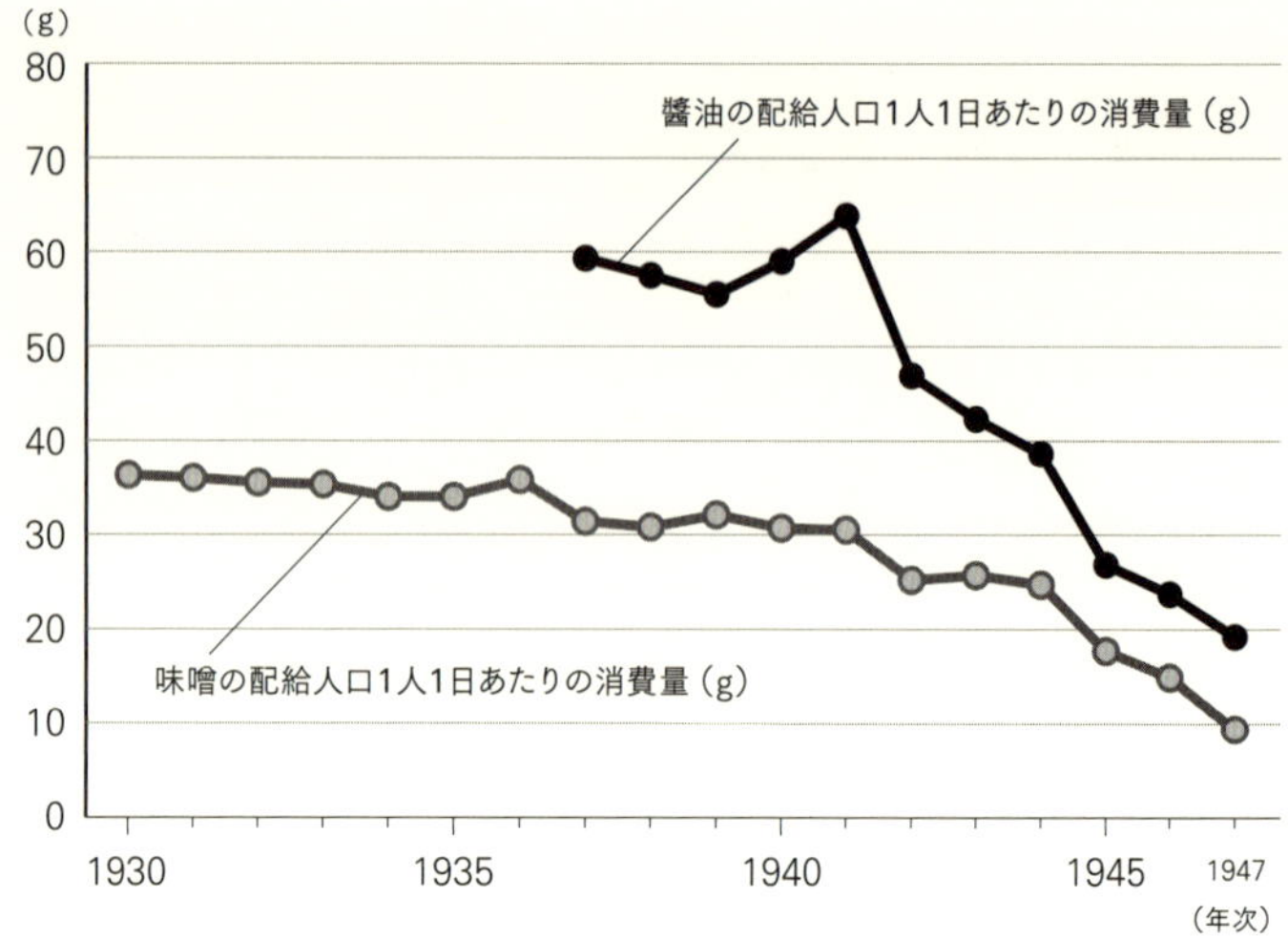

図2-3　味噌と醤油の1人1日あたりの消費量（1930-1947年）

＊配給人口は推定.
出所：松井健三編『食料品配給公団総覧』日本経済済調査会，1949年，83-84頁「昭和5年-15年味噌生産実績及び配給実績並び1人当消費量」，および85頁「1937-1948年の醤油消費統計」より作成.

四グラムまで減少し、一九四四年五月以降は五〇グラムか六〇グラムのわずかな量になった(＊32)。

穀物の不足を補うための海産物や野菜類も激減して、摂取エネルギーは生存に必要な水準を著しく下回った。戦後の一九四六（昭和二一）年から一九四七（昭和二二）年の東京における、おとな一人一日あたりの摂取エネルギーは、一九四六年五月では一三五二カロリー(＊33)、一一月は米の収穫があったので少し高くなって二〇五一カロリーとなるが、一九四七年二月には一九二一カロリー、米の端境《はざかい》期《き》を迎えた五月には一七九二カロリー、八月には一七〇四カロリーだった。ただし、一九四七年は輸入食糧を加えての値で、輸入食糧を加えない実質日本国内の食糧だけなら摂取エネルギーはさらに低くなり、二月は一六六一カロリー、五月は八一九カロリー、八月は九一七カロリーであった（＊34）。

この歴史上において異常な状況をもたらした最大の要因は、日中戦争以降に強化された軍事優先政策であった。日中戦争へと拡大した最中の一九三八（昭和一三）年四月一日に国家総動員法が公布され、五月五日施行された。この法律によって、人的資源とあらゆる物的資源が軍事資源へと動員されることになったのである。農村の労働力は、軍隊に徴兵されて減少しただけでなく、軍需工場へも動員され（＊35）、深刻な不足状態に陥った。その上、労働力の不足を補うのに不可欠な農機具の生産も、材料となる鉄を軍需に優先し農機具用の割当量が削減され、一九四二年以降は減少した（＊36）。化学肥料や有機肥料も、原材料の海外依存度の高いものは、一九四一（昭和一六）年以降は生産が減少した。国内の化学肥料工場も、軍需工場に転用されたり空襲で壊滅的な被害を受けたりして生産能力が落ち、有機肥料の原料となる魚は、燃料や労働力の不足によって漁獲高が減少した（＊37）。結果として農村の生産力は、とくに太平洋戦争突入後、急激に落ちていったのである。

漁村においても農村同様に、労働力不足や魚網、ロープなどの漁業資材の不足状態に陥った（＊38）。さらに、漁船の多くが軍用に徴用され、漁獲能力は低下した。とくに大型漁船は、軍需物資や兵隊の輸送、掃海艇、戦地での軍需用の魚の生産などに従事したため、爆撃を受けて沈没したり破損したりと大きな被害を受けた。そのため、一九四五（昭和二〇）年の漁獲高は、一九四〇（昭和一五）年の四二％にまで落ち込んだ（＊39）。

また、海運輸送を行っていた商船の海軍徴用による船舶不足と、連合国による海上封鎖によって、海外からの食糧の移輸入（外米＋植民米）が困難になった。一九二五（大正一四）年から敗戦時まで、日本国内における米の総消費量の一〇％強を移輸入米に依存していたため（＊40）、影響は大きかった。米穀年度一九四二年度（一九四一年一一月一日―一九四二年一〇月三一日）の移輸入米量は二三五・二万トン（植民地朝鮮から七八・五万トン、同じく台湾から二五・五万トン、東南アジアから一三一・二万トン）だったが、敗戦の一九四五年度には東南アジアからの輸送は不可能となり、一九四二年度の約一〇分の一の二三・六万トン（朝鮮から二一・三万トン、台湾から二・三万トン）が輸送されたにすぎなかった（＊41）。国内における食糧流通も、戦況悪化とともに都市部や工場地帯が空爆によって大きな被害を受けるようになると輸送機能が混乱し、食糧事情はますます悪化した（＊42）。

◉――戦時下で始まった米の配給制度

皮肉なことに、食糧難に直面しているこの時代は、すべての日本人の日常の食事にご飯を食べる権利を与えた起点でもあった。一九四一（昭和一六）年四月一日に、六大都市（東京・大阪・京都・名古屋・神戸・横浜）で米穀配給通帳制による配給が開始された。配給制は、地方自治体が自発的に一九三九（昭和一四）年一一月から開始していたところもあるが（＊43）、政府主導による配給制は一九四一（昭和一六）年四月一日からである。配給開始時の一人一日の割当量は、一歳（以下いずれも数え歳）から五歳まで一二〇グラム（八勺四）、六歳から一〇歳まで二〇〇グラム（一合四勺）、一一歳から六〇歳まで三三〇グラム（二合三勺二）、六一歳以上三〇〇グラム（二合一勺）、普通増量を受ける労働者の割当量は男三九〇グラム（二合七勺四）、女三五〇グラム（二合四勺六）、六一歳以上の男三五〇グラム（二合四勺六）、同女三二〇グラム（二合二勺五）、特別増量を受ける労働者の割当量は男五七〇グラム（四合）、女四二〇グラム（二合九勺）、六一歳以上の男四八〇グラム（三合三勺七）、同女三八〇グラム（二合六勺四）であった（＊44）。

ここに、政府による「ご飯」の質と量のコントロールが始まったのである。同日、「生活必需物資統制令」も発令され、ほとんどの日用品が配給制になった。これら戦時下の統制の多くは、占領下でも引き継がれた。一九三九（昭和一四）年公布・施行の「価格等統制令」は、一九四六（昭和二一）年三月三日公布、即日施行の「物価統制令」に引き継がれた。生活必需品の統制は、一九五〇（昭和二五）年に順次撤廃していくことになるが、米の配給は一九八一（昭和五六）年まで続く。ただし実際には、米の配給は一九五五（昭和三〇）年以降になると有名無実化しており、一九七〇年代には米過剰となった（＊45）。

以上のように、「ご飯」つまり「お米」が日本の全国民の主食となったのは、すでに先行研究（＊46）でも指摘されているように第二次大戦下の米の配給制度によってである。配給制度が導入された第一の理由は、社会的安定を保つことであった。ドイツが第一次大戦に負けた大きな要因は、食糧不足が引き起こした市民騒乱であった。その轍を踏まないために、ヒトラーは早くから食糧配給を導入した（＊47）。日本も、ドイツの事例と大正時代に起こった米騒動の経験から、内地の米需要量の充足のために植民地からの米の移輸入政策を強めた（＊48）。

一九四一（昭和一六）年に導入された米配給通帳制度は、ご飯を食べる権利を日本人全員に与えたが、政府はその理想を実現させることができなかった。制度開始の翌月の一九四一（昭和一六）年五月には、兵庫県の尼崎市で米のかわりに干うどんやそうめんなどの配給が行われ、その翌年の一九四二（昭和一七）年九月からは干麵（干うどん）が主食として配給されるようになった（＊49）。また、一九四一（昭和一六）年五月に発行された雑誌『料理之友』の附録の冊子にも、干うどん飯や麦混合飯を常食とすることを奨励した節米献立とその料理の作り方が紹介されている（＊50）。その後、米のかわりに主食配給にあてられた大豆や芋なども不足し、豆粕や蘇鉄の粉などもあてられるほどの配給困難な状態に陥ったまま敗戦を迎えた（＊51）。そして戦後の食糧難の下でも、配給制度は引き継がれた。

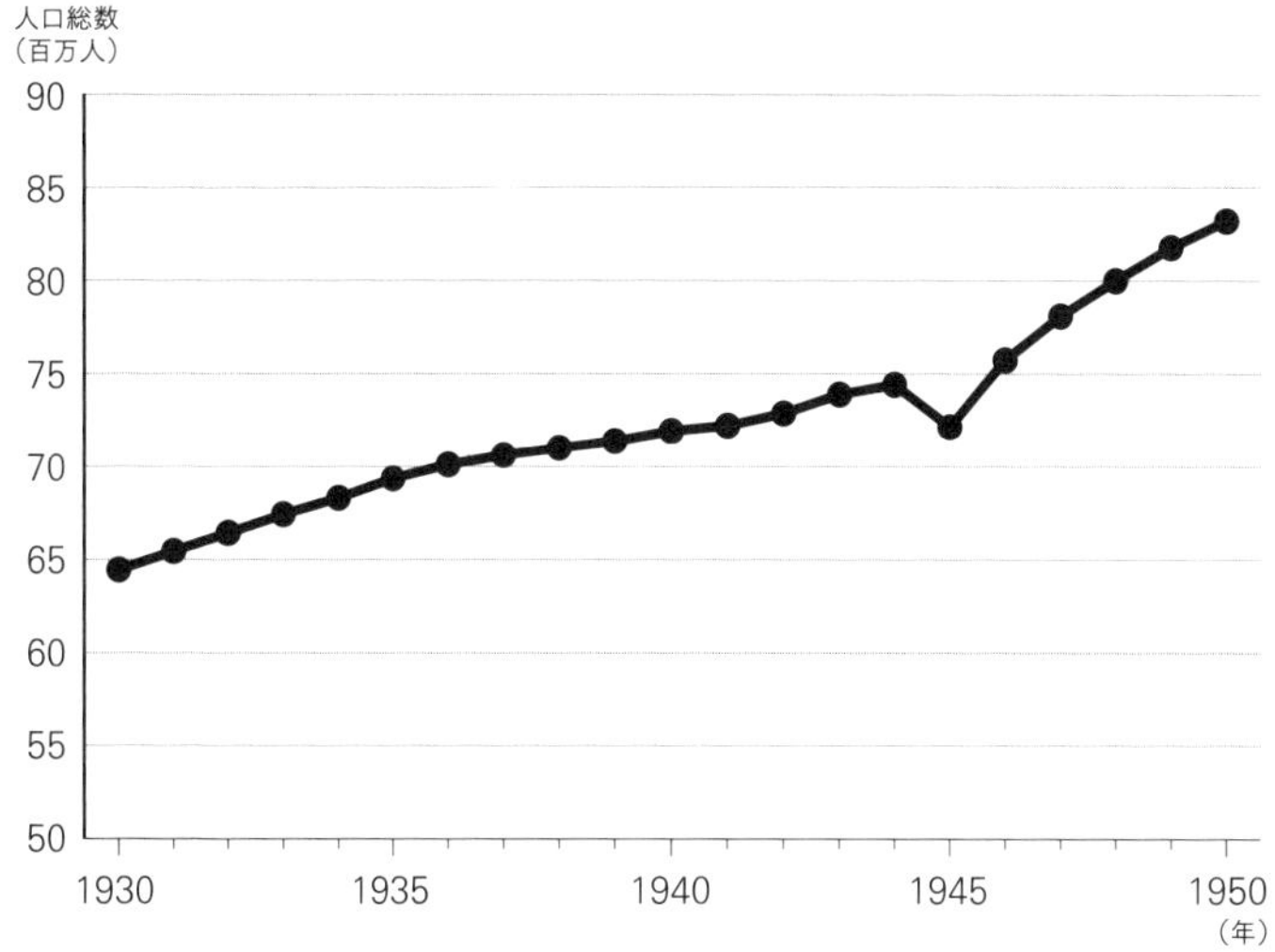

図2-4　人口の推移（1930-1950年）

出所：矢野恒太記念会編『数字でみる日本の100年　改訂第4版』国勢社，2000年，37頁「表2-1　人口の推移（II）」より作成．

◉——占領と援助食糧

敗戦を迎えると、復員や引揚者によって人口が増加し（図2－4）、食糧不足に追い討ちをかけた。これまで駆け足で見てきたように、一九四〇年以降、次第に国内の食糧供給量は不足状態に陥っていった。そこへ、植民地や海外の戦地で食糧を手に入れていた人々が、着のみ着のままで帰国し、国内の食糧を分け合うことになったのである。しかし、食糧生産を担う農地は、労働力不足と肥料不足で生産基盤が弱くなって、高い生産が見込めなくなっていた（＊52）。とくに、一九四五（昭和二〇）年は稲作の天候には恵まれず、台風や水害による被害も重なって、収穫量は水陸稲あわせて五八七・二万トンしかなく、前年の六六・八％だった（＊53）。一九四五年末には、戦時中に飛行場などに使用されていた土地のうち、連合軍に接収されていないところを食糧生産にあてようとする試みも行われたが、開墾は困難をきわめ、成果は上がらなかった（＊54）。一方、海外からの食糧輸入は、敗戦と同時に植民地をすべて失ったため移入米は皆無となり、輸送用船舶や燃料もすべて軍需に徴用されていたため運航不可能な状態だった。

そして、占領下では連合国による貿易統制を受けることになったため、自由に食糧を輸入することはできなかった。連合国による援助食糧の放出という形で調達されるのみであった。この援助食糧については、日本政府が種類や量などを要請することはできず、基本的にはアメリカから放出される食糧を無条件で受け入れるものであった（＊55）。そのため、輸入された援助食糧は、戦時下の配給物資よりも質の劣るものも少なくなかった。例えば連合軍の報告書によれば、一九四六（昭和二一）年五月から一〇月にかけて、全国各地で穀物五四万五一〇〇トンと缶詰一四万二〇六六トンの輸入食糧の緊急配給を行ったのであるが、主食に飼料用のフスマを充当している（＊56）。しかも、白い小麦粉はなく、見たこともない雑穀の粉や、虫食いの粉もあったという。結果として、輸入できた食糧は、当時の厚生省の局長が「えたいのしれないもの」と表現するようなものだったのである（＊57）。米も援助食糧として輸入はされたが、アメリカの農業生産動向が反映しているため、小麦が圧倒的に多かった(*58)。輸入食糧における、アメリカの農業生産動向が反映する傾向は、占領終結後にも引き継がれ、アメリカの余剰農産物として代表的な小麦や脱脂粉乳などが大量に日本に輸入されたことは周知のとおりである。

◉――節米強化と代用食

このように、一九四〇年代の食糧事情は政府の軍事優先政策と密接な関係の下で展開し、結果として深刻な食糧不足に至ったのである。食料品の配給量は人々にとって満足のいくものではなかったばかりか、白米のご飯はあくまで理想であって長続きしないことは容易に想像できた。一九四一(昭和一六)年に米の配給制度が開始される前から、米の節約や代用食の利用のための政策が推し進められていたのである。

一九三九(昭和一四)年一〇月二六日の次官会議において、「戦時食糧充実運動」を強力に展開するための要項と方策が決定され、米穀の消費を節約して戦時食糧の充実を図るための制限が示され、同年一二月一日から実施された。実施事項は、①米を尊重する観念の徹底、②混砂《こんさ》搗精《とうせい》の廃止、③白米食の廃止、七分搗米(胚芽残存のものを含む)の常用、④七分搗米と麦類その他の雑穀、豆類、薯《いも》類等の混食の奨励、⑤麵類、蕎麦食等の奨励、⑥官公署、会社、工場、学校、列車の食堂、駅弁、一般食堂、飲食店頭において飯米の無駄を防ぐため十分工夫すること、⑦工場、学校等の共同炊事の奨励、の七項目が決められた（＊59）。白米のご飯の禁止が示されただけでなく、お米に何かを混ぜた飯が奨励されたのである。節米は日を追って強化され、一九四〇（昭和一五）年二月一四日には各省次官会議において、各官庁の食堂の昼食は代用食を用い、節米の方針に沿うことが申し合わせられた（＊60）。

その年の八月一日には、銀座の街頭に「贅沢は敵だ」と書かれた立て看板が出され（＊61）、節米の強化方策として「米食の廃止」と「米食の制限」が、東京をはじめとする全国六大都市で強行された。警察署長の承認を受けた例外を除き、官公署・銀行・会社や倶楽部・会館に付属する食堂、百貨店の食堂、料理屋（箱の入るもの）・洋食店・喫茶店・カフェーおよびバー・待合・貸座敷・貸席などでは、米食の供給と販売（出前を含む）を廃止することが定められた。これらに該当しない料理屋（箱に入らぬもの）および普通飲食店、洋食店の名称を冠する大衆食堂においては、米食（出前を含む）の販売時間と飯の内容が限定された。販売時間は、朝食は午前五時から午前八時、昼食は午前一一時から午後二時、夕食は午後五時から午後八時半であった。販売する飯は、三割以上の混食または代用食の実行が定められた（＊62）。

節米強化が実施される五日前の一九四〇年七月二六日付の朝日新聞は、「和食の膳よ、さらば」と題した記事で、対応に追われる百貨店食堂の姿を次のように伝えている（図2－5）。

来月〔一九四〇年八月〕一日からの節米強化で小市民にお馴染みのデパートの食堂でも全く米飯が姿を消すことになったがデパートではこれに対しどんな対策、名案を練っているか……従来食事時間ともなれば食券も買えないまで混雑していたデパート食堂は、需要に従って調理設備の大部分は和食になっているので対策の研究は各デパート共に相当の悩み、最近各デパート食堂主任が代用食を研究、二八日それぞれ研究の名案を持ち寄ることになったが、何れにしても米飯のない和食料理は成り立たず、吸物、刺身等を配した美しい和食お膳などは大体姿を消すと見られている

結局パンや饅頭等の代用食で出来る西洋料理か支那料理に転向が多い模様であるが、これとても現在一〇万近くの収容数を見ている市内デパート食堂としては殊に代用食では需要に応じきれず、食事時間の制限など

和食の膳よ、さらば

デパートの食堂と節米

山峽を強行軍

図2-5　節米強化により，百貨店食堂から米飯が姿を消すことを伝える新聞記事

出所：『東京朝日新聞』1940年7月26日，朝刊7面.

も余儀なくされるだろう(＊63)

また、下宿を除いた旅館も、昼食の米食は廃止し、朝食と夕食には三割以上の混食または代用食を実行することが定められた。例外として認められたのは、警察署長の承認を受けた普通飲食店ならびに飲食露店における販売時間の変更と寿司屋における米飯の販売だけである(＊64)。しかし、米食制限の例外であった寿司屋も外米を使わざるをえなかったり(＊65)、米穀の端境期には月に三日の「鮨なしデー」を設けて寿司屋が一斉休業することが取り決められたりもした(＊66)。全国民の主食として米が定められる米の配給制度が開始する一〇か月前に、すでに白米のご飯が日常の食事から姿を消していくことになったのである。

米食の販売時間の制限も、外食に頼らざるをえない人々にとってはきわめて重大な問題となった。それまでのように、飲食店が営業さえしていれば、いつでも自分の好きなときに白米のご飯を食べられたのであるが、これからはできなくなったのである。ただし、米飯の制限も実施から日が少し経つと、飲食店の裁量で利用者の要望に応じたサービスをするところも出てきた。例えば、喜劇俳優の古川ロッパ氏は日記にその様子を残している。銀座の三直という天ぷら屋の場合、一九四〇(昭和一五)年八月三〇日の米飯の販売時間外では天ぷらしか食べられなかった。ところが、一九四一(昭和一六)年五月二一日の米飯の販売時間外では、古川氏が

「まだなかなか飯は食べられないねえ」と尋ねると、店の主人が柱時計を三〇分も進めて米食販売時間近くにして「へえ、もうじき出します」と言って、天ぷらと米飯の食事を食べたという。このほかにも米飯の販売時間外に内緒で米食をしていたことを記している(*67)。もっとも、当時有名だった喜劇俳優の古川氏への特別なサービスもあっただろうが、外から見えない個別の飲食店では政府の決まり事を徹底することが難しく、ご飯のある食事がこっそりと残ったのである。表舞台から消えた白米のご飯も、見えないところでは残ったのである。

配給制度は、全国民に日常的にご飯を食べる権利を与えたが、実際に全国民がその権利を享受するには一九五〇年代を待たなければならないのである。その間に、ご飯中心の食事である和食は生活の表面から姿を消したのである。

2 一汁三菜という「伝統」

第一節で見てきたように、第二次世界大戦の戦中から戦後にかけては、食事からご飯が消えただけでなく、食事そのものも困難なほど食糧事情が悪かった。そんな中では、ご飯を食べるための汁や惣菜、漬物などが添えられた一食の食事、つまり現代において和食の基本とされる一汁三菜(飯、汁、菜〔なま物・煮物・焼物〕、香の物)の食事スタイルの実現も不可能だった。この一汁三菜を基本とする食事スタイルは、ユネスコ無形文化遺産への登録申請に際して和食の四つの特徴として提唱されている中の一つ「健康的な食生活を支える栄養バランス」を実現する理想的なものであるといわれている。ほかの三つの特徴は、「多様で新鮮な食材とその持ち味の尊重」、「自然の美しさや季節の移ろいの表現」、「正月などの年中行事との密接な関わり」である(＊68)。

一汁三菜の形式は、室町時代に武士の儀式料理として誕生した本膳料理の最もシンプルな形を基礎として発展したものである。一汁三菜は、茶事の理想の料理として用いられるようになり、香の物(漬物)を料理に数える場合と数えない場合があるが、懐石料理の基本形として展開し、現代まで受け継がれている(＊69)。また、江戸時代に料理屋の料理として発展した会席料理も、本膳料理の様式を模範としたものである(＊70)。

日常食をわざわざ書き留める人はほとんどいなかったので、日常食の記録はきわめて少なく、その実態はあまり解明されていない(＊71)。数少ない事例ではあるが、近世からたどってみる。江戸に暮らしていた隠居後の大名が一八〇〇(寛政一二)年一一月から九か月間にわたって自分の食事を記録した「御膳日記」と題された資料から、日々の食事について次のように報告されている。一日に食事は三度(朝食・夕食・夜食)で、基本構成は「御飯、汁、煮物、焼き物(または揚げ物、蒸ものなど)、香の物」であり、朝食と夕食は一汁二菜(ご飯、汁、おかず二品、漬物）、夜食は一汁一菜（おかず一品のみ）がほとんどである（＊72）。ただし、老中松平定信によって行われた寛政の改革（一七八七〔天明七〕—一七九三〔寛政五〕年）の影響が残っていて、質素な献立になっていたことも考えられる。松平定信の自伝『守下人言』によれば、天明の飢饉（一七八二—一七八七年）に際して、自分の膳を朝と夕は一汁一菜、昼は一汁二菜と定めて、質素倹約の手本として家臣たちに命じている（＊73）。しかし、さらに時代の下った一八八六（慶応二）年元日から大晦日までの一年間分の、江戸の大名家の献立を記録した「御献立帳」と題された資料にある日常の食事は、朝は汁と一品、昼と夜は皿盛りが一皿というのがほとんどである（＊74）。

表2-1　近世（1861年）における下級武士の日常の食事例

月日	朝食	昼食	夕食
9月6日	かゆ	玉子	ゆとうふ
9月7日	菜汁	里芋，油揚	ひもの
9月8日	ねき汁	里芋	茶つけ

＊朝を朝食に，午を昼食に，夕を夕食に，表記を変更した．
出所：原田信男『江戸の食生活』岩波現代文庫，2009年，128-133頁「表4『石城日記』に見る食事内容一覧（文久元〔1861〕-2年）」より抜粋．

武蔵野国忍藩《おしはん》（埼玉県）の下級武士の場合、一八六一（文久二）年六月から一八六二（文久二）年四月までの一〇か月分の記録を絵日記に近いかたちで記されている『石城日記』にみられる食事は、酒宴と日常の食事の落差が大きかったという。**表2-1**は、自宅の食事とみなされている献立の例である（＊75）。

長野県の農家の場合は、一八四五（天保一五）年の「年内行事日記帳」に記された常の食は、朝食は稗の粥に味噌をおかずとしたもの、昼食は麦飯に干葉《ひば》（大根葉の干し物を刻んで茹でたもの）を混ぜた飯、夕食はつみ入れ（野菜がたくさん入った赤味噌仕立ての汁に、小麦粉をこねたものを箸でちぎり入れたもの）とおやき（小麦粉をこねて適当な大きさにちぎり、囲炉裏の中で焼いたものに、大根おろしなどをつけて食べる）が一夜交代だったという（*76）。

これらは、近世における一般的な人々の日常の食事スタイルということはできないが、江戸住まいの大名ですら一汁三菜ではなかったことはいえる。

時代が下ると食事調査や栄養調査などの社会調査が行われ、その結果がまとめて報告されている。今日に残るそれらの資料は、庶民の日常生活の情報も得ることができる。一八八八（明治二一）年に学会誌『東京医学会雑誌』に報告された「食物調査ノ成績」には、献立が報告されている（*77）。この調査は、東京市内に居住する職業の異なる五名の男性の食事について調査した結果を報告したものである。調査期間に二日間から一〇日間のばらつきがあり、朝昼夕の区別なく一日の総量だけの報告もあるが、一部は日常の献立の構成を知ることができる。例えば、**表2−2**に示すとおりである。富裕層の質商の経営者は、毎朝パン食で昼や夜に汁物はなく、全体的に和食の献立構成の汁と菜で数える形式が崩れている。中学校の事務員は、調査期間中の朝食は必ず味噌汁がつき、何か一品おかずがつく一汁一菜の場合が多い。昼食は一品、夕食も一品か二品か麺類である。人力車の車夫《しゃふ》は、ご飯と漬物を基本として、朝はたいてい一

表2-2　1888（明治21）年の東京市内在住男性の日常食の献立例

日		中学校の事務員 （2月27-29日）	質商の経営者 （3月15-17日）	車　夫 （12月15-17日）
第1日	朝 食	米飯 味噌汁 わかめ，海苔	パン 牛乳 コーヒー	米飯 ニンジン煮しめ 大根味噌漬
	昼 食	米飯 鮭塩引	米飯 しらすぼし 梅漬しょうが	米飯 黒鯛煮魚 大根味噌漬
	夕 食	米飯 鱈 菜	米飯 まぐろさしみ 玉子 浅漬大根，味噌漬沢庵	米飯 黒鯛煮魚 ばか貝三杯酢 大根味噌漬 もなか菓子
第2日	朝 食	米飯 味噌汁 菜	パン 牛乳	米飯 玉子吸物 茄子味噌漬
	昼 食	米飯 そら豆	米飯 鰻蒲焼 浅漬大根 コーヒー，みかん	米飯 ニンジン煮しめ 茄子味噌漬 生しょうが味噌漬
	夕 食	かけ蕎麦	米飯 玉子 牛肉ロース さつまいも イチゴジャム 菜漬，浅漬大根	米飯 牛肉 ごぼう 玉子 大根味噌漬
第3日	朝 食	米飯 まぐろさしみ 菜 味噌汁	パン 牛乳 イチゴジャム	米飯 大根味噌漬
	昼 食	米飯 玉子焼	米飯 まぐろさしみ，うど 鰹節 イチゴジャム，みかん	米飯 ニンジン煮物 大根味噌漬け
	夕 食	米飯 まぐろさしみ 大根おろし	米飯 まぐろさしみ 菜漬，梅漬しょうが みかん	米飯 牛肉 ごぼう，玉子 みかん，菓子

＊作成にあたり，旧漢字は改め，難解な漢字表記は仮名表記とした．
米飯は，1日総計で報告されているものは各食事の献立に割り当てて記した．
麺類のしたじ，付け醤油などは省略し，献立名で記した．
飲酒用の酒類，間食は省いた．

出所：『日本近代の食事調査資料　第1巻　明治篇』全国食糧振興会，1988年，92-99頁および107-116頁，119-122頁より作成．

品か汁、昼は一品、夕は一品か二品と果物や菓子や酒がつく。車夫の調査報告の献立の中には、一汁三菜の献立はなかった。

農民の食事は、一九〇六（明治三九）年に埼玉県の農村の一八歳から三八歳の男性一四名について調査した結果が、一九〇七（明治四〇）年に発行された学会誌『東京医学会雑誌』に「本邦農夫ノ栄養ニ就テ」と題して報告されている（＊78）。**表2－3**に示すとおり、ほとんどの場合、朝食は飯と味噌汁に漬物の一汁一飯である。この献立の形を一汁一菜つまり粗食のたとえとして表現する場合もあるが（＊79）、ここではユネスコ無形文化遺産に申請した現代の和食の基本とされる一汁三菜の食事スタイルを確認することが目的なので、漬物（香の物）は菜としては数えないこととする。昼食は飯と漬物か一品の一菜、夕食は飯と味噌汁と一汁を基本として漬物か一品の一菜がたまにつく程度である。

大正年間になっても、献立の構成はおかずの数の少ないシンプルな食事が続いた。例えば、一九一六（大正五）年五月二日から同月一五日までの二週間分の東京高等師範学校の寄宿舎における食事の献立が、学会誌『日本学校衛生』に「寄宿舎ノ食物研究」と題されて報告されている（＊80）。飯は白米に重さにして一三％の大麦が混ぜられたもので、朝食は漬物と味噌汁、昼食と夕食は漬物とおかず一品である。おかずは、献立の一部を示した**表2－4**にあるように、汁だけのときや味のついた筍飯だけのときもある。つまり、一汁または一菜である。

表2-3　1906（明治39）年の埼玉県における農村の日常食の献立例

月日		K氏	H氏	S氏
8月1日	朝食	米飯 魚干物 沢庵	挽割麦飯 味噌汁 沢庵	挽割麦飯 味噌汁 沢庵
	昼食	米飯 魚干物 沢庵	挽割麦飯 沢庵	挽割麦飯 沢庵
	夕食	米飯 味噌汁	挽割麦飯 味噌汁 魚干物	挽割麦飯 味噌汁 魚干物 沢庵
8月2日	朝食	米飯 味噌汁 胡瓜	挽割麦飯 味噌汁 胡瓜	挽割麦飯 味噌汁 沢庵
	昼食	米飯 茄子味噌煮	挽割麦飯 茄子味噌煮 胡瓜	挽割麦飯 茄子味噌煮 胡瓜
	夕食	米飯 味噌汁 豆腐	挽割麦飯 味噌汁 胡瓜	挽割麦飯 味噌汁 沢庵
8月3日	朝食	米飯 味噌汁	挽割麦飯 味噌汁 胡瓜	挽割麦飯 味噌汁
	昼食	米飯 隠元胡麻合	挽割麦飯 隠元胡麻合	挽割麦飯 沢庵 胡瓜
	夕食	米飯 味噌汁 魚干物	うどん 玉子	挽割麦飯 味噌汁 魚干物

出所：『日本近代の食事調査資料　第1巻　明治篇』144–145頁および147–149頁，153–154頁より作成．

表2-4　1916（大正5）年5月の東京高等師範学校の寄宿舎における食事の献立例

月日	朝食	昼食	夕食
5月2日	飯 味噌汁 漬物	飯 吉野煮（牛肉） 漬物	飯 白味噌汁 漬物
5月3日	飯 味噌汁 漬物	飯 焼肴（このしろ） 漬物	飯 カレー煮（豚肉） 漬物
5月4日	飯 味噌汁 漬物	飯 カツレツ（豚肉） 漬物	筍飯 漬物
5月5日	飯 味噌汁 漬物	飯 煮肴（かれい） 漬物	飯 天ぷら（このしろ） 漬物
5月6日	飯 味噌汁 漬物	飯 味噌焼（豚肉） 漬物	飯 でんがく 漬物
5月7日	飯 味噌汁 漬物	飯 フライ（かじき） 漬物	飯 味噌焼（牛肉） 漬物

出所：『日本近代の食事調査資料　第2巻　大正・昭和（初期）篇』全国食糧振興会，1989年，23-28頁より作成．

通勤者や通学者は、昼食の弁当持参をやめて外食を利用するだけでなく、朝食や夕食も食堂で食べることが多くなっていった。彼らの日常の食事が、家庭内から外食の場へと移っていった。つまり、彼らが日常的に利用する外食は、特別な御馳走というより、家庭の食事の代替といえる。

東京市内の労働者や学生が多く利用していた食堂に、市設食堂がある。一九二五（大正一四）年一〇月当時、一日平均二七〇〇人強の利用者があった東京市設食堂二か所の献立が七日分（二二食分）ずつ報告されているのをみると、一汁一菜の構成をとっているのは、「飯・かき卵汁・田作・沢庵」の一例だけである（＊81）。このほかは、飯と漬物を基本として、朝食は味噌汁、昼食は汁かおかず一品、夕食は一品

表2-5　1925（大正14）年10月における東京市設食堂の献立例

月日	神楽坂食堂			車坂食堂		
	朝食	昼食	夕食	朝食	昼食	夕食
10月13日	飯 味噌汁 漬物2種	卵丼 漬物2種	飯 かき卵汁 漬物3種	飯 味噌汁 沢庵	飯 シチュー 漬物2種	飯 鯖煮付 漬物2種
10月14日	飯 味噌汁 漬物2種	飯 馬鈴薯・がんもどき煮付 蛤佃煮 沢庵	松茸飯 昆布大豆煮付 漬物2種	飯 味噌汁 沢庵	飯 かき卵汁 田作 沢庵	飯 ごった煮 田作 沢庵
10月15日	飯 味噌汁 漬物2種	飯 シチュー 漬物2種	飯 鰯キャベツ煮付 沢庵	飯 味噌汁 沢庵	五目飯 漬物2種	飯 鯵豆腐煮付 沢庵
10月16日	飯 味噌汁 漬物2種	ハヤシライス 漬物1種	松茸飯 漬物3種	飯 味噌汁 沢庵	飯 鯵糸蒟蒻煮付 沢庵	卵丼 漬物2種

＊スチューはシチューと改め，一部の漢字表記を仮名表記に改めた．
漬物は2種類以上ある場合は種類数だけを記した．
その種類は，梅干，沢庵，紅生姜，福神漬，キャベツ漬などである．
出所：『日本近代の食事調査資料　第2巻　大正・昭和（初期）篇』91–95頁より作成．

か二品である。昼食と夕食で、丼物など味のついたご飯が供されるときは、漬物だけの場合がほとんどである（表2－5）。

市設食堂以外の労働者層が利用する公衆食堂についても同じような献立構成であった。東京市衛生試験所が一九二六（大正一五）年一一月一一日から一二月一〇日にわたって六か所の公衆食堂の献立調査をした結果が、一九二九（昭和四）年に『第五回東京市衛生試験所報告学術的報告』として発表されている。朝食は、ほとんど毎日「飯・味噌汁・漬物」で、ごくまれに海苔や海老の佃煮が加わる

表2-6　1926（大正15）年11月における東京都内の公衆食堂の献立例

月日	甲公衆食堂		乙公衆食堂	
	昼食	夕食	昼食	夕食
11月18日	飯 鮪刺身 漬物	飯 薩摩汁と菜浸シ 漬物	ビーフライス 漬物	親子丼 漬物
11月19日	イカ飯と トロロ昆布吸物 漬物	飯 牛肉ソボロ煮 漬物	飯 鰹塩焼 金平ごぼう 漬物	飯 シチュウ 白隠元豆甘煮 漬物
11月20日	飯 スモールカツレツ 漬物	飯 鰈煮肴 白菜浸シ 漬物	飯 鱈および切昆布吸物 漬物	牛丼 漬物
11月21日	飯 イナ味噌煮 大根煮付 漬物	飯 牛肉野菜煮込 漬物	飯 煎牛 茄別辛子合 漬物	飯 カレイフライ 野菜サラダ 漬物
11月22日	ハヤシライス 漬物	飯 イカおよび 野菜煮付 漬物	イカ飯 トロロ昆布吸物 漬物	開化丼 漬物

出所：東京市衛生試験所編纂『第5回東京市衛生試験所報告学術的報告』東京市役所，1929年，2−6頁および9−12頁より作成．

程度である。昼食と夕食は、表2−6に一例を示すとおり、汁が付くことは「飯・シチュウ・白隠元豆甘煮・漬物」だけである。丼物の場合は、漬物だけのことも多い。つまり、朝食は一汁、昼食と夕食は一菜か二菜なのである（＊82）。

昭和に入っても、都会の低所得層の食事の構成はほとんど変わっていない。一九三〇（昭和五）年に東京市内の低所得層八一三人について、栄養調査を行った報告（＊83）に記されている献立例を表2−7に示した。主食については、栄養素の値は報告されているので、何かしら食べていたことはわかるが、その内容はまったくわからないので、表の表記には含めていない。毎食、一汁または一菜である。これはきわめて悪い食事の例ではあるが、人々の日常の食事に並ぶおかずの数はあまり多くなかったといえる。

表2-7　1930（昭和5）年の東京市民の献立例

日	朝食	昼食	夕食
第1日	大根おろし うずら豆	大根おろし	うどんと京菜煮込
第2日	大根おろし	大根おろし	うどんと がんもどき煮込
第3日	ねぎ味噌汁	漬物	ねぎ煮付
第4日	ねぎ味噌汁	欠食	めざし
第5日	納豆	漬物	竹輪煮付
第6日	豆腐汁	朝食の汁の残り	鱈の子

出所：『日本近代の食事調査資料　第2巻　大正・昭和（初期）篇』163–164頁より作成.

本章第一節でみてきたように、戦時下では政府によって食生活に関するさまざまな規則が定められた。その一つに、一九三九（昭和一四）年九月一日から、毎月一日を国民生活日「興亜奉公日」と定め、その日は質素な生活に努めることがある（＊84）。決定された質素な生活に改めるための事項に、食事は一汁または一菜の簡素な生活を決定していることから（＊85）、日ごろはこれ以上の水準の食事スタイルが考えられる。だからといって、一汁三菜やそれ以上のおかずが並んだとは考えにくい。掲げられた質素な生活の目標が、実態とかけ離れすぎていては意味がないから、一汁一菜か一汁二菜ぐらいだったといえる。

一九四〇（昭和一五）年の七月下旬から八月末に

表2-8　1940（昭和15）年8月の奈良県下の家庭における日常の食事献立例

月日	市街部（奈良市）			山間部（吉野郡）		
	朝食	昼食	夕食	朝食	昼食	夕食
8月25日	飯 味噌汁	飯 ビフテキ トマト	昼の残り	飯 佃煮	飯 魚	粥 漬物
8月26日	飯 味噌汁	飯 酢の物	昼の残り	粥 佃煮	飯 魚	粥 漬物
8月27日	飯 味噌汁	色御飯 清汁	飯 煮付	粥 佃煮	飯 味噌和え	粥 漬物
8月28日	粥 沢庵	飯 冷奴	飯 鰯フライ	飯 魚	飯 味噌和え	粥 漬物
8月29日	飯 味噌汁	飯 煮付	飯 鰯フライ	粥 漬物	飯 味噌飯 味噌和え	粥 漬物
8月30日	飯 味噌汁	飯 鯛塩焼 ちしゃの浸し	巻すし	粥 漬物	飯 煮付	粥 漬物

出所：中沢弁治郎編『郷土食の研究（奈良県下副食物之部）』食糧報国連盟本部, 1942年, 61頁および71頁より作成.

かけて、奈良女子師範学校の学生が夏休み中の家庭の食事を記録報告したものを編集した『郷土食の研究（奈良県下副食物之部）』には、朝食・昼食・夕食がそれぞれ二六五食ずつ、合計七九五食分の献立が記録されている（＊86）。

この記録は、地方の師範学校に子女を進学させることができる経済状態の家庭の日常食であるから、日本全国の一般家庭の水準とは判断できないが、家庭の職業は公務員、農業、商業などある程度の広がりもあるので、当時の食事スタイルの一事例といえる。おかずの数は少なく、調理したもの一品か佃煮あるいは漬物のどれか一品という食事が七〇％以上である。ちらし寿司などのときは、汁も漬物も何も付かない場合も多い（＊87）。献立の一部をまとめた表2－8に示すように、粥の多い地域ならではの特色として、粥がご飯と汁を兼ねていたり、夏なので暖かい汁物が少ないことを考慮しても、一汁一菜の食事スタイルもほとんどない。

この後、本章第一節で述べてきたように一九四一（昭和一六）年四月一日から実施された米穀配給通帳制が施行されるが、全国民が日常的に米のご飯を食べる権利を享受するには戦後しばらく経った一九五〇年代を待たなければならず、その間、ご飯中心の食事である和食は生活の表面から姿を消したのである。現代の和食の基本とされる一汁三菜（飯、汁、菜〔なま物・煮物・焼物〕、香の物）の食事スタイルが普及していくのも一九五〇年代である。

3 戦後に確立する「ご飯と一汁三菜」

本章において指摘してきたように、今日でいう「伝統的な日本人の食文化」である和食は、二〇世紀半ばになっても日常の食事シーンには登場しない。和食の基礎とされているご飯が、日本人全員の毎日三度の食事で食べられるようになったのは一九五〇年代の後半である。お米の消費を見ると、それが明らかである。個人の米の消費量も年々増加し（＊88）、図2－6に示すように、一九四六（昭和二一）年から一九四九（昭和二四）年にかけて急激に増加しており、経

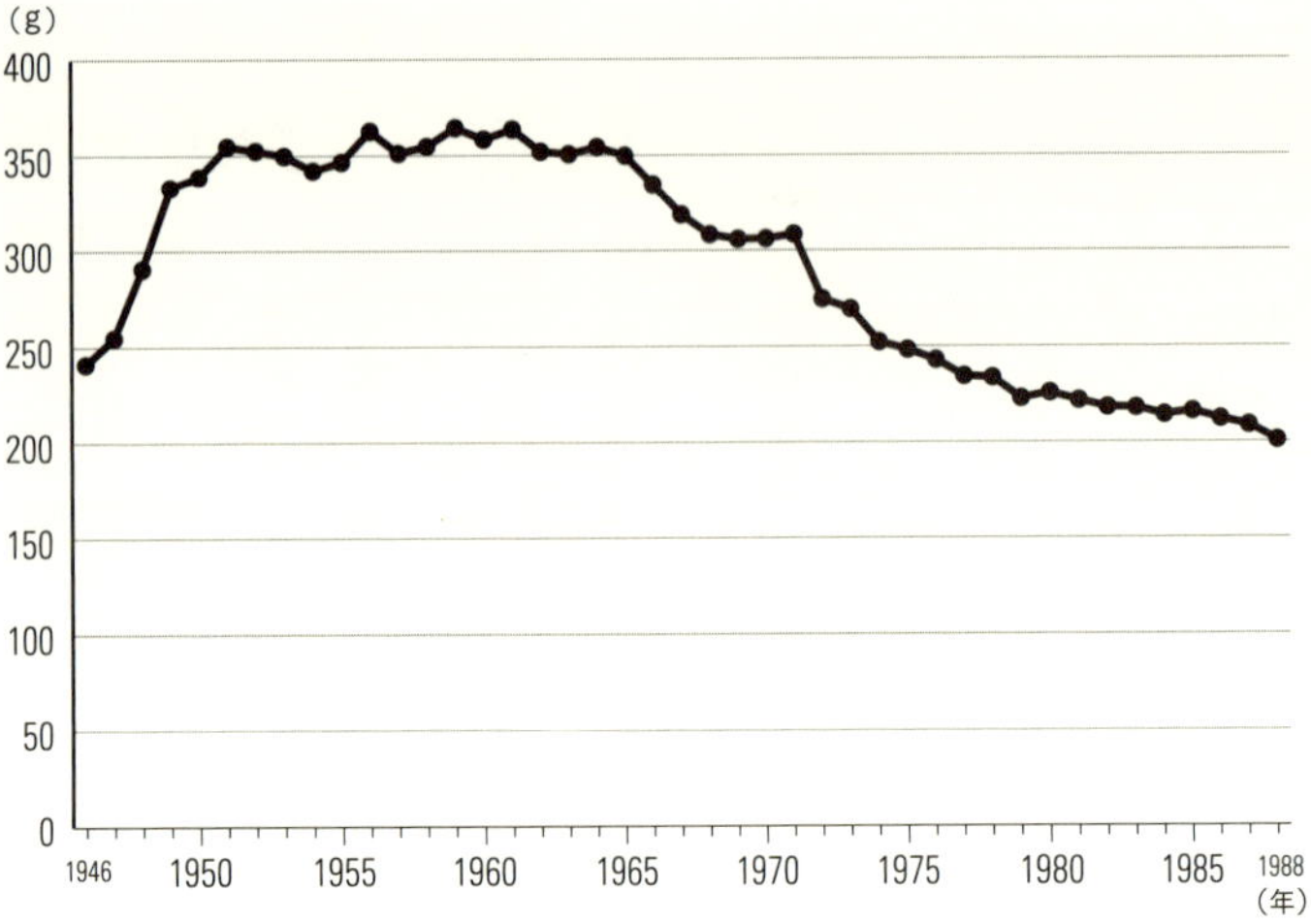

図2-6　1人1日あたりの米の消費量（1946-1988年）

出所：健康・栄養情報研究会栄養調査研究班編，日本栄養士会栄養指導研究所監修『戦後昭和の栄養動向――国民栄養調査40年をふりかえる』第一出版，1998年，75-76頁「表3-1　食品群別摂取量（全国，1人1日当たり）」より作成.

済復興とともに摂取量は一九六一（昭和三六）年まで増加するが、これ以降減少する。一九六二（昭和三七）年から緩やかに減少していったが、一九七二（昭和四七）年に大きく減少し、さらに減少の一途をたどる。

本章第一節で述べたように、終戦直後の米移輸入の急減少や、アメリカからの小麦をはじめとする余剰農産物の大量流入などが、米の消費に大きな影響を与えたに違いない。だが、一九六〇年代後半の米の消費の減少は、別な理由があった。需給量が増えても消費が減るという不思議な現象が発生した。その理由は、食生活の洋風化、米偏重の食生活改善や粉食奨励というよりも、ご飯と一緒に食べるおかずの多様化と量の増加によるものである。

戦後の経済成長の中でおかずの種類が増えたことは、和食の基本のご飯とともに不可欠な一汁三菜の食事構造の実現をもたらした。汁や惣菜の材料に必要な味噌や醬油、主要な野菜や魚の消費量が、戦前の水準に回復したのは一九五五（昭和三〇）年である（＊89）。同時に、家庭の台所には電気炊飯器や冷蔵庫などが導入されるようになり、家庭の食卓に上るおかずが多様化していくのである（＊90）。つまり、現在でいう「和食の伝統」が日本国民の日常の食事シーンに登場するのは、高度経済成長の所産である。

しかしながら、現代の家庭の食事の基本とされる一汁三菜の食事スタイルは、外食の場ではすでに昭和初期にみられた。第一章で指摘したように、昭和初期から「和食」という言葉を料理のカテゴリーとして使っていた百貨店の食堂では、洋定食のコース料理とともに一汁三菜の和定食を提供していた。図2－7は、三越百貨店の日本橋本店七階特別食堂が閉鎖する年（＊91）の一九四二（昭和一七）年六月のお昼の定食メニューである。一円五〇銭の和定食は、吸物、鉢物、さしみ、煮物の一汁三菜の献立が表記されている。具体的な料理の内容はわからないが、同じ金額の洋定食のスープや魚料理や肉料理に匹敵するような汁一品と料理三品で構成されている。そして、この和定食が一品ずつ順番にコース料理として提供されていたのか、一度に一汁三菜が提供されていたのかもわからない。ただし、ご飯は麵米や麦飯だった可能性は高い。

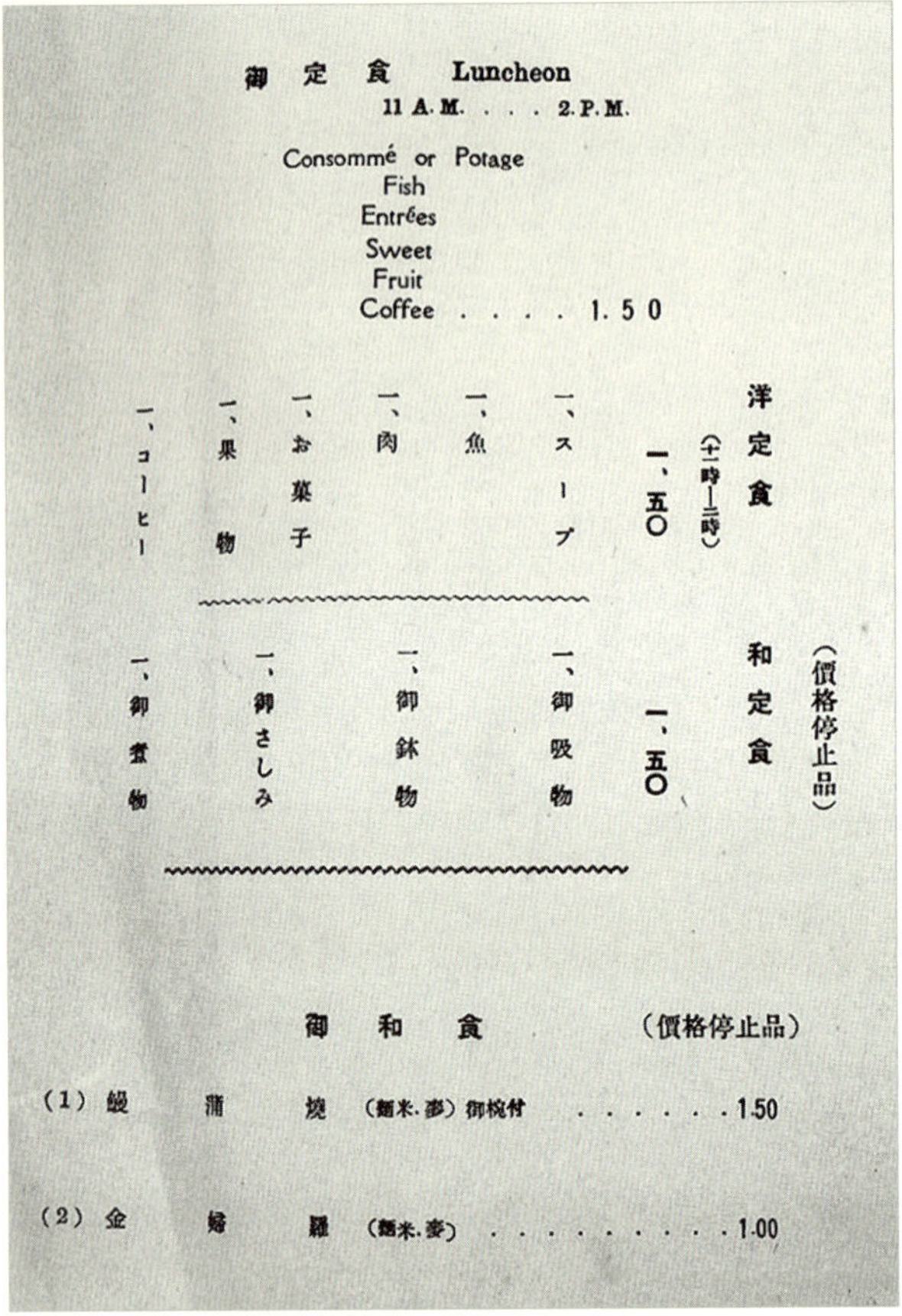

御定食　Luncheon
11 A.M. . . . 2.P.M.

Consommé or Potage
Fish
Entrées
Sweet
Fruit
Coffee 1.50

洋定食
(十二時—二時)
一、五〇
一、スープ
一、魚
一、肉
一、お菓子
一、果物
一、コーヒー

(價格停止品)
和定食
一、五〇
一、御吸物
一、御鉢物
一、御さしみ
一、御煮物

御和食　(價格停止品)

(1) 鰻蒲燒 (麺米.麦) 御椀付 1.50

(2) 金婦羅 (麺米.麦) 1.00

図2-7　1942（昭和17）年6月の三越百貨店日本橋本店7階特別食堂の「お昼の定食メニュー」

出所：三越広報部所蔵資料.

ともあれ、この食堂の和定食は、同じ店の六階の大食堂で提供されていた和定食が八五銭だったのに比べて高額で、庶民にとっては敷居の高い食事だったかもしれないが、現代の和食の基本とされる一汁三菜の食事スタイルが戦前に確立されていたのである。

以上のように、和食の伝統とされる本膳料理を祖とする一汁三菜の食事スタイルは、日常食の一般的な食事スタイルではなかった様相を呈している。少なくとも庶民の日常的な食事においては、近代に産声をあげ第二次世界大戦終戦以降に大きく成長するのである。

第三章

戦時体制下の食

1　飲食店の統制

第二章で述べたように、太平洋戦争突入前後から一九五〇年代までの一〇年近くは、食糧供給に困難をきたす異常な状態が続いた。お米の生産減少や他の食料品の不足によって、これまで毎日三度の食事に白いご飯を食べていた人々の間でもそれができなくなった時代である。この状況は、第一章で述べた「和食」という言葉の普及に関与した外食の世界も無縁ではなかった。食糧難に加え、戦時体制下や占領下で施行された法律や制度によって、外食は短期間のうちに加速度的に自由を失ったのである。

最初の大きな打撃は、一九三九（昭和一四）年一〇月二〇日より施行された価格等統制令（通称「九・一八価格停止令」または「九・一八ストップ令」）によって、料理や飲み物の値段が自由に決められなくなったことである。政府は、国民生活のあらゆる面に対する国家統制が可能になる国家総動員法を一九三八（昭和一三）年五月に施行し、その後、これに基づく法令によって人的および物的資源の動員を次々と行っていった。その一つが、経済統制を行うために施行した価格等統制令である。この法令により、価格・運送賃・保管料・損害保険料・賃貸料または加工賃を対象に、これらすべての価格は一九三九（昭和一四）年九月一八日の価格に釘付けられる「九・一八価格（停止価格）」に決定され、政府が公定価格を設定するまで価格維持されることになった（＊1）。飲食店の価格も統制されることになり、料理や飲み物の材料費や燃料費がどんなに上昇したとしても、自由に提供価格を値上げすることができなくなった。

その後、統制が強化されて、商品価格は一九四〇（昭和一五）年七月八日より、公定価格、九・一八停止価格、協定価格、許可価格、新製品価格の五つに分類され、それぞれの一文字「公」や「停」などの丸囲い文字の表示義務が強化された（＊2）。飲食店のメニューの価格表示にも、図3－1に示すように「公定価格品」と明記したり、公定価格を表す〇印の中に「公」の文字を書いた印や、停止価格を表す〇印の中に「停」の文字を書いた印が付された。

政府による国民の消費規制は、徹底的に強化する方向で推し進められ、価格表示義務の強化と前後する一九四〇（昭和一五）年七月七日から奢侈品等製造販売制限規則（通称「七・七禁令」）を実施し、贅沢品を禁じた。これによって、飲食店など一般消費生活の規制強化も図られることになった（＊3）。そして、表3－1に示すように、一九四〇（昭和一五）年九月一日から一品料理の公定価格（最高限度販売価格）だけでなく、提供する朝昼夕の食事の値段と時間帯も統制された。

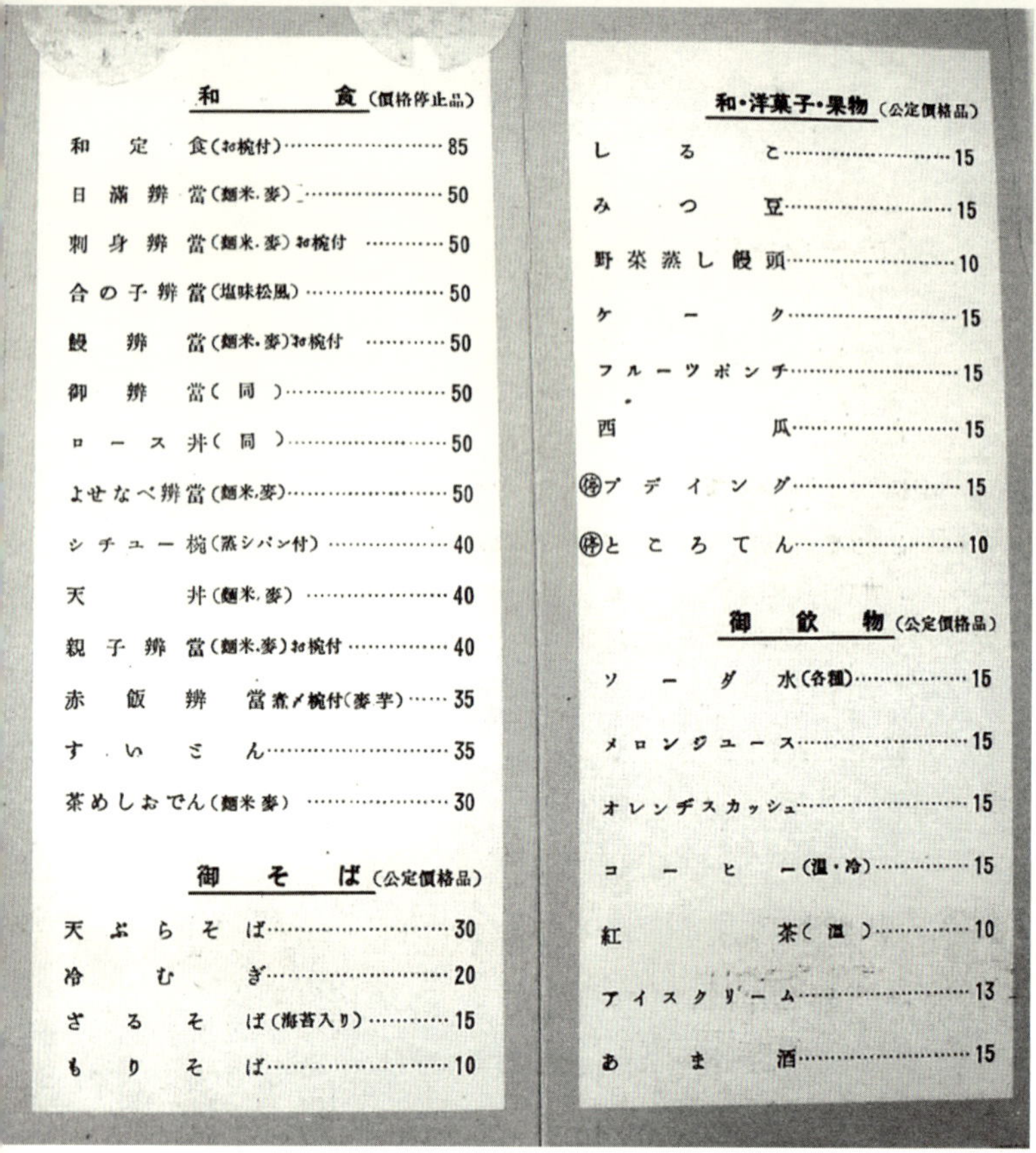

和食(價格停止品)

和定食(お椀付)……85
日満辨當(麵米.麥)……50
刺身辨當(麵米.麥)お椀付……50
合の子辨當(塩味松風)……50
鰻辨當(麵米.麥)お椀付……50
御辨當(同)……50
ロース丼(同)……50
よせなべ辨當(麵米.麥)……50
シチュー椀(蒸シパン付)……40
天丼(麵米.麥)……40
親子辨當(麵米.麥)お椀付……40
赤飯辨當煮〆椀付(麥芋)……35
すいとん……35
茶めしおでん(麵米麥)……30

御そば(公定價格品)

天ぷらそば……30
冷むぎ……20
ざるそば(海苔入り)……15
もりそば……10

和・洋菓子・果物(公定價格品)

しるこ……15
みつ豆……15
野菜蒸し饅頭……10
ケーク……15
フルーツポンチ……15
西瓜……15
(停)プディング……15
(停)ところてん……10

御飲物(公定價格品)

ソーダ水(各種)……15
メロンジュース……15
オレンヂスカッシュ……15
コーヒー(温・冷)……15
紅茶(温)……10
アイスクリーム……13
あま酒……15

図3-1　公定価格品の表示がみられる三越百貨店食堂のメニュー(1941年8月)

出所：三越広報部所蔵資料.

これらの価格の決定には、料理の種類、質や量、店のサービスや格などは考慮されなかった。単に金額が高いか安いかの表面上のことから、贅沢感を一掃するにふさわしい価格を、政府が公定価格として決定した。そのため、一流料理屋や高級レストランなどのほとんどは値下げすることとなった。一方、決定された公定

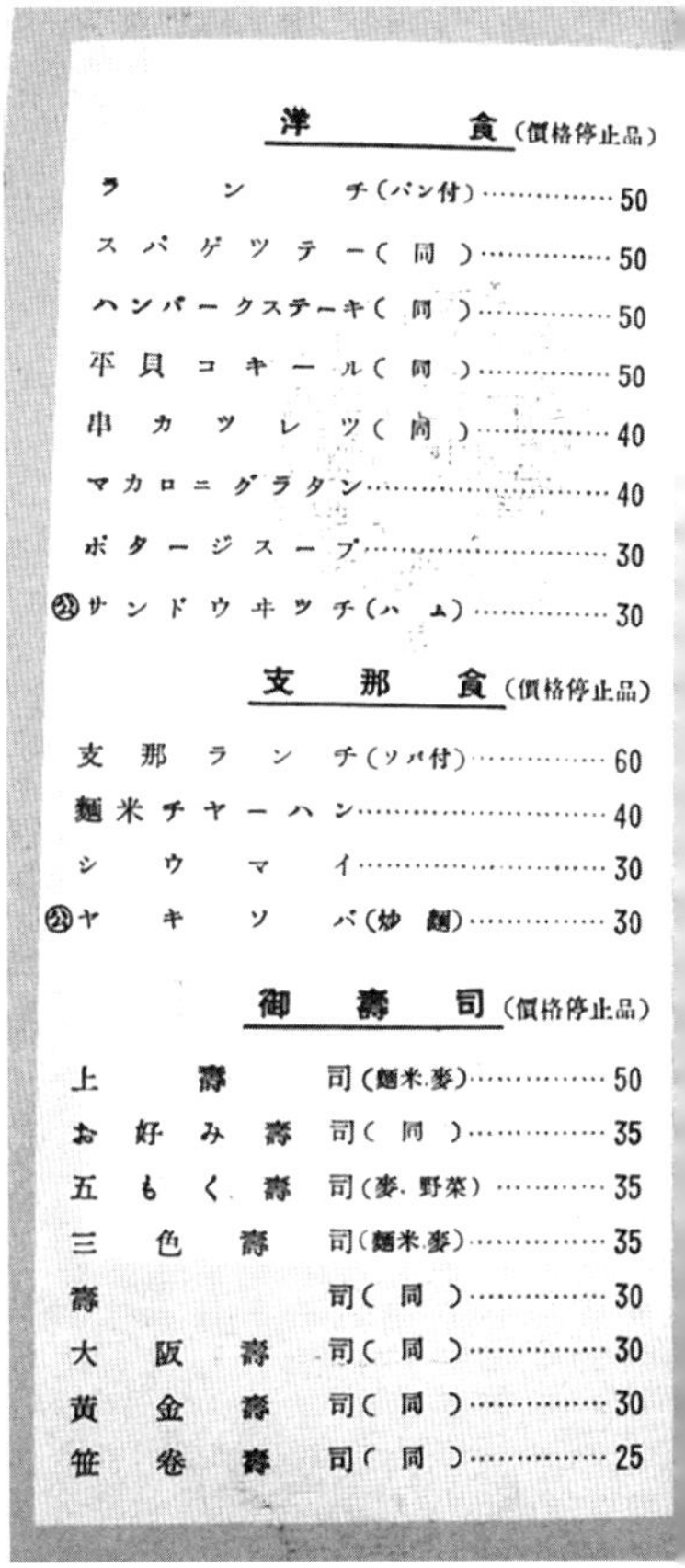

価格より安い値段の料理を売っていた庶民的な料理屋は、新しい規定をきっかけに公定価格の限度ぎりぎりまで値上げするようになった。例えば、公定価格が一品または一皿につき一円以下と定められた弁当および丼物を含む一品料理または一皿料理では、材料費や調理方法などにはまったく関係なく、丼物から小さな小鉢まですべて一円均一に値上げするというわけである（＊4）。

前章で述べたような食糧供給の悪化と同時に、外食の統制化が進んでいくのである。翌年の一九四一（昭和一六）年からは料理の内容についても規格が設けられることになった。全国に先駆けて一九四一年九月一日から実施した大阪府では、手始めに大衆向けの丼物およびライス物二三品種、すし類一八品種、果物料理八品種の規格を決定した。例えば、巻寿司一本は、寿司飯四五匁《もんめ》（約一六九グラム）に厚焼き玉子一〇匁（約三八グラム）、椎茸七匁（約二六グラム）、そぼろ三匁（約一一グラム）、蔬菜《そさい》の四種類の具を用い、公定価格は五〇銭とした。握り鮨の場

表3-1　飲食店における公定価格（1940年9月1日）

種類		公定価格
食事	朝食：午前0時～午前11時	1人1円以下
	昼食：午前11時～午後4時	1人2円50銭以下
	夕食：午後4時～午前0時	1人5円以下
弁当および丼物を含む一品料理または一皿料理		1品または1皿につき1円以下
寿司		1個につき10銭以下
天ぷら（1個売りする場合に限る）		1個につき20銭以下

出所：帝国ホテル編『帝国ホテル100年史』帝国ホテル，1990年，406頁より作成．

合は、一個あたり寿司飯八匁（約三〇グラム）に、鮪《まぐろ》は三匁（約一一グラム）、海老や烏賊《いか》や鯛ならば二匁（約八グラム）を用いたもの、いずれも公定価格は一個一〇銭とした（＊5）。こうして、店オリジナルの彩り豊かな具を巻いた巻寿司や大きな具を使った握り鮨が姿を消していくように、ほかの料理も規格化されていった。

また、庶民的な料理屋が値上げ傾向にあるなか、大阪では、料理飲食店業者を一流や高級といわれた店に準じて四階級に分けて、真鯛の刺身などは階級別に公定価格を決定し、店内に価格一覧表を客が見えるように掲示することを決めたりもした（＊6）。しかし、一九四三（昭和一八）年一月に公定価格の値下げが行われると、料理屋の格付けなどは無視され、またしても高級料理屋は実質値下げし、庶民的な料理屋の価格は値上げすることになった。

2　贅沢が消える時代

以上のように、経済統制による公定価格の決定は、一流や高級と呼ばれていた料理屋からは料理の自由を奪い、庶民的な料理屋からは料理の質や量に適した価格をつける自由を奪った。そして、高級な料理屋も庶民的な料理屋も、同じ価格で同じ材料の同じ量の料理を売ることになったのである。

第二章第二節で述べたように、ユネスコ無形文化遺産の申請理由として提唱された和食の四つの特徴に、「多様で新鮮な食材と素材の味わいを活用」と「自然の美しさや季節の移ろいの表現」が明示されている(*7)。とくに、「自然の美しさや季節の移ろいの表現」とは、「季節の花や葉などで料理を飾りつけたり、季節に合った調度品や器を利用したりして、季節感を楽しみます。」と説明されているように、和食の芸術的な特徴が強調されている。しかし、高度経済成長期の前までは、こういった特徴はどちらかといえば一般家庭や庶民的な料理屋ではなく、高級料亭に限ったものであった。第二章に述べた会席料理と深くつながる日本料理のこの側面は、外食を中心に繁栄していったのである。明治時代以降、赤堀家をはじめプロの料理人がまずは素人用の料理本の執筆や家政学教育に関わり、戦後になると料理人がテレビの料理番組などマスコミを通じて料理屋の料理を広めていった(＊8)。例えば、NHKは一九五七(昭和三二)年一一月四日から「きょうの料理」という現在も継続中の料理番組をテレビで放送し、翌一九五八年五月からはテキストを発行して、多くの人に料理を伝えてきた。その中には、江戸料理を伝承する近茶流宗家の柳原俊夫氏や懐石料理店主の辻嘉一氏などが登場している(＊9)。

戦時の統制下では、和食の美的な特徴が外食の場から姿を消していっただけでなく、もう一つ、和食と関係しているプロセスが始まる。それは高級料亭と庶民的な料理屋との間の距離が近くなっていくという大衆化過程が進行したことである。

戦時下における日本の社会の中では、あらゆる社会的変化がもたらされた。例えば、都市住民の貧困層と農民の生活水準の差を小さくした。一九四〇(昭和一五)年一一月には国民服令が制定され、男性向けの国民服と呼ばれる簡単服が発表された(＊10)。これにより、おしゃれの自由は失われ、富裕層も労働者層も、都市住民も地方農村の人も同じような服装をするという、服装面でも戦時体制の下で平準化が図られていった。

食の世界においても、戦時下の物価統制が高級料亭と庶民的な料理屋との差を縮め、大衆化をもたらしていった。例えば、都市近郊の中産階級のおでかけの場であり、庶民にとってのささやかな高級な食事の場でもあった百貨店の食堂は、公定価格の施行以後は特別感が次第になくなっていった。その様子は東京日本橋三越百貨店の食堂の御品書にも現れている(表3―2)。

表3-2　三越百貨店本店食堂の和食の御品書（1930年と1941-42年）

	1930年6月	
	7階食堂	地階食堂
献立名	蒲焼御飯　肝吸付 御中食 天ぷら御飯 おさしみ御飯　御わん付 鳥鍋　御飯付 お手がる料理 うなぎ御飯 柳川鍋　御飯付 あづま弁当 親子丼 天丼 赤飯弁当 御子様弁当 栗きんとん 御吸物椀	蒲焼御飯　肝吸付 御中食 松坂弁当　御わん付 鳥料理 天ぷら御飯 おさしみ御飯 御手がる料理 うなぎ御飯 あづま弁当 鯛めし 赤飯弁当 御子様弁当 柳川丼 親子丼 天丼 野菜丼 大阪風饅丼 玉子焼 御吸物椀
品目数	15	19

1941年				1942年	
8月	9月	10月	12月	2月	9月
和定食（お椀付）					和定食（お椀付）
日満弁当（麵米, 麦）					日満料理（麵米, 麦）
刺身弁当（麵米, 麦）お椀付					お刺身（麵米, 麦）
合の子弁当（塩味松風）					合い子（塩味松風）
鰻弁当（麵米, 麦）お椀付					うなぎ（麦）お椀付
お弁当（麵米, 麦）					×
ロース丼（麵米, 麦）			×	×	×
よせなべ弁当（麵米, 麦）	×	×	×	×	×
シチュー椀（蒸シパン付）					シチュー椀（蒸シパン付）
天丼（麵米, 麦）					天丼（麵米, 麦）
親子弁当（麵米, 麦）お椀付		×	×	×	×
赤飯弁当　煮〆椀付（麦, 芋）					麦赤飯（煮〆椀付）
すいとん					すいとん
茶めしおでん（麵米, 麦）				×	×
14	13	12	11	10	9

＊ ×印は御品書から消えたものを示す.
出所：三越百貨店日本橋本店食堂メニューより作成.

和食は、一九三〇（昭和五）年六月には七階食堂では一五品目、地階食堂では一九品目あった。しかし、同店六階の食堂の御品書を見ると、一九四一（昭和一六）年八月には一四品目に減っており、一二月には一一品目、一九四二（昭和一七）年二月には一〇品目、九月には九品目と、刻一刻と品目数を減らさざるをえなくなっている様子が明確に現れている。

ご飯については、第二章第一節で述べたように、一九四〇（昭和一五）年八月から実施された節米強化により、百貨店食堂での米飯の提供が禁じられた（第二章図2－5参照）。一九四一（昭和一六）年八月の同食堂の御品書の裏面には、「節米の国策に従い当分米飯を廃止することになりましたから御協力を願います」と記載されており、三越が独自に開発した麺米と呼ばれるものや（＊11）、麦や芋を混ぜた飯、蒸しパンなどに替わっている。例えば、赤飯弁当の場合は、米のかわりに麦と芋から麦に替わる中でも、一九四一年一〇月には季節的な栗赤飯弁当など和食らしさを残しているメニューであるが、一九四二年九月には麦赤飯と表記するほどになっている。

すでに述べたように、公定価格の決定によって、高級飲食店は価格が表す高級感や贅沢感は失った。低価格になったために、従来利用していた富裕層だけでなく、多くの人が利用できるようになり、客層に変化をもたらす結果となった（＊12）。さらに、軍需産業の拡大や戦時体制下の経済構造の変化によって、低所得層の中にも高額の収入を手にする者が現れるようになり、富裕層が築き上げてきた高級や一流といわれる料理屋へ出入りできるようになった（＊13）。客層の変化は、高級飲食店に集う人々によって作り出されていた特有の風情や礼儀などを一掃し、高級飲食店を大衆的な雰囲気に変えていった。一流といわれた料亭には大声で騒ぐ客が大勢押し寄せ、高級ホテルのレストランでは痰《たん》を吐きながら食事をするような礼儀を知らない者が多くなっていったことを、著名人たちが日記の中に残していることからもよくわかる（＊14）。

例えば、京都の質の高い一流料亭の場合、社会が戦時体制下に入る以前の一九一四（大正三）年か一九一五（大正四）年ごろに訪れたときは、茶室風の部屋と庭は清め整えられ、作家に「ほんとにそこは人の魂を落ち着ける為のみにある草庵のようなところだ」と言わしめる独特の雰囲気をたたえた中で、雅趣のある器に盛られて次のような質のよい一汁五菜の料理が供されていた。向付（鯛細造り、青ちそ）、汁（四方焼豆腐、蓴菜《じゅんさい》）、中皿（南京蒸、だしかけ）、丼（小芋、隠元豆）、焼物（鮎塩やき、蓼酢《たです》）、煮物（絹こし豆腐）。ところが、戦時下の一九四一（昭和一六）年一二月末では、独特の雰囲気は完全になくなり、かわりにわめき騒ぐ場所になっていた。器は雅趣の感じられない色の鮮やかな新しい陶器にかわり、料理の品質は以前の名残がないほどに俗化して、どこの料理屋でも食べられるような平凡なものばかりになっていたという（＊15）。

また、高級飲食店が料理とともに提供していたものは一流の食空間であったが、その構成要素である建物や設備、サービスなども、戦時体制が強化される中で失われていった。建物や設備の面では、金属類の供出のために店の外装や内装から金属部分が容赦なく外されたり、戦災に備えた暗幕や防弾装備が食空間の雰囲気に関係なく設置されたりして、料理を楽しむ場の印象は大きく変わっていった。

例えば、当時の代表的な高級料理店の東京會舘は、金属供出のために正面玄関の支柱や皇居の堀に面したベランダの手すりを取り外した(*16)。大阪梅田の阪急百貨店は、名物の大シャンデリアの献納にはじまり、エレベーターやエスカレーター、大食堂の食卓など金属と名のつくものは供出した(*17)。調度品や部品の一部だけでなく、高級飲食店は堅牢な建築が多かったため、建物ごと政府に徴用されて営業できなくなったり、建物のスペースの一部を供出して縮小営業せざるをえなくなった。東京會舘は、一九四〇(昭和一五)年一二月に大政翼賛会の庁舎として全面的に徴用されたため、同年一一月下旬から徴用解除された一九四二(昭和一七)年四月下旬まで営業を中止した(*18)。営業再開後も、ふたたび一九四五(昭和二〇)年三月に東京都の仮庁舎として建物のほとんどの部分を徴用され、会館のほとんどの機能を失った(*19)。

阪急百貨店は、一九四三(昭和一八)年六月一九日に最上階の八階大食堂全面を大阪南方院興亜館に徴用されたのにはじまり、売場の徴用が続き、空襲が激しくなると、軍需工場の機械設備までもが直接運び込まれるようになった(*20)。大阪御堂筋のガスビル食堂も、空襲が激しくなると、建物の一部が軍需工場に使用された(*21)。戦況の悪化にともなって、高級飲食店の建物や設備から高級感や贅沢感は失われ、殺伐とした軍事色に塗り替えられていった。

外観だけでなく、店名までも変更を迫られるものもあった。東京會舘は、内閣情報局から戦時体制にふさわしい名称に変更するように指示され、一九四二（昭和一七）年五月一七日に大東亜會舘と改称し、連合軍に接収されるまでその名称で営業した（＊22）。大阪の高級レストランのアラスカも、政府からの指示の有無はわからないが、店名を北洋と改めた（＊23）。

高級料理店においては、とりわけ従業員によるサービスは重要な要素であるが、戦時体制強化にともない、とくに男子従業員は軍事召集や徴用により、人手不足がみられるようになった（＊24）。阪急百貨店の阪急食堂では、従業員が減少して来客へのサービスが満足にできない状態になったため、一九四二（昭和一七）年三月から「給仕なし食堂」、つまりセルフサービス制を実施した。食堂のセルフサービス制は、当時としては革新的な方法だったが、人手不足の問題解消のために導入するところも増えていった（＊25）。

高級料理店の営業が日増しに困難になるなか、一九四四（昭和一九）年三月に決戦非常措置要綱に基づく「高級享楽の停止に関する具体策要綱」が施行され、ついに全国の高級享楽とみなされた飲食店は休業もしくは廃業を迫られることになった（＊26）。このころになると、既述のように高級飲食店とは名ばかりで、内容は大衆化していた店が多かったといえるが、「決戦非常措置要綱」が施行された当時の水準で高級享楽として多くの飲食店が指定された。例えば、東京の警視庁管内では、料理屋約八五〇店が営業停止を言い渡された（＊27）。大阪府では、指定料理店六六軒、普通料理店一〇五一軒が営業停止となった（＊28）。

営業停止の対象となった高級や一流と呼ばれていた飲食店の中には、庶民的な飲食店に業態替えするものもあった。また、大阪市では、決戦非常措置で営業停止となったカフェー・バーなどを一九四四（昭和一九）年四月一日から雑炊食堂とし復活させた（＊29）。東京では、高級享楽の停止で閉館になった劇場の地下室が雑炊食堂や国民酒場になったり、料理店が国民酒場になったり、ビヤホールが雑炊食堂になった（＊30）。また、百貨店内の閉業となった食堂を開放した雑炊食堂もできた（＊31）。こうして、セルフサービスや立ち食いの飲食店が増え、高級と呼ばれ贅沢を楽しんだ場所は、完全に大衆化してしまったという（＊32）。高級料理店の中には、営業停止のままならば、独特の雰囲気や風情を封印したままで残ったものもあったかもしれないが、政府が庶民的な雑炊食堂や国民酒場に業態替えさせたために、急激な大衆化の波にのまれてしまった。

高級享楽の停止は、一九四五（昭和二〇）年二月に延長が決まり、結局、戦争が終わるまで再開できなかった（＊33）。その後、敗戦の中で再開した高級飲食店もかなりあったが、一九四六（昭和二一）年七月一日から内務省の命により全国の高級料理店の営業はふたたび停止された（＊34）。敗戦からの一年足らずの間の料理業界の復興の勢いはすさまじいものだった。例えば、全国にさきがけて五日前倒しで一九四六（昭和二一）年六月二六日から高級料理店の営業停止に踏み切った大阪府では、現在でも高級料理店の筆頭に名を連ねる灘万やつるやをはじめとする三四軒の指定料理屋、五四六軒の普通料理屋、二万軒の普通飲食店のうち、客専用の畳の部屋を持つものを一斉に休止させたと報じる記録が残っている（＊35）。

高級料理店の営業再開の報がもたらされるには、しばらく時間を要した。一九四七（昭和二二）年六月一日から東京の飲食店の全面休業が実施され、翌月の七月五日には次節で述べる「飲食営業緊急措置令」（通称「七・五政令」）が施行されて全国一斉に料理飲食店の営業が停止された。この法律は延長改正の結果、一九四九（昭和二四）年五月七日から「飲食営業臨時規正法」に引き継がれ、高級料理店の再開は阻まれたままだった（＊36）。

3　ヤミの和食

戦時体制下で政府が飲食店営業に対する規制を施行すると、これに並行するかたちで裏口営業つまりヤミ料理屋が発生した。ヤミ料理屋は、価格の制限も材料の規格もないので、旧態依然とした贅沢な食事ができたのである。ただし、材料の入手が困難になるにしたがって、価格は高くなっていった。しかも、質や量の低下はまぬがれえなかった。ヤミ料理屋は、さまざまな方法で営業を行った。

最も多かったのが、営業していた飲食店を続けることが困難になったところが、表は休業したまま、裏から決まった客だけに料理を出すかたちである。ヤミ料理屋で取り締まりの手が入ることが多かったのは、別荘や旅館に会社の寮や施設などの看板をかけて、豪華な料理を宴会客に提供したところである（＊37）。

このほか、個人宅に料理人が住み込んで、紹介のある客だけに料理を食べさせるヤミ料理屋があった。ヤミ料理屋と客との連絡は、人づての紹介だったり、直接店を覗いたり、符牒《ふちょう》（隠語）を使った電話で行った（＊38）。ヤミ料理屋の客には軍人や役人もいたし、ヤミ料理屋を持っていた軍人や役人もいた。贅沢な料理を取り締まっても、実際に贅沢を断ち切ることは難しく、ヤミ料理屋の中でいきいきと残った。

素人のヤミ料理屋も登場した。戦後の事例であるが、例えば東京へ終戦後に帰郷した主婦の場合、偶然に得た闇米の入手ルートに始まり、肉や魚の入手ルートを確保し、自家栽培の野菜や手持ちの材料を動員して、生きるためのお金を得るために、自宅でヤミ料理屋を一九五一（昭和二六）年ごろまで続けたという（＊39）。そこでは、座敷を整えて、和食の献立にそった料理を出していたという。例えば、すき焼きに白いご飯、小松菜のおひたし、田舎しるこ。厚焼き玉子、大根の酢漬け、田舎しるこ。黒鯛づくしのときは、刺身、潮、塩焼、バタ焼などが並び、白いご飯がついた一汁三菜の献立である。鰹《かつお》づくしのときは、たたき（刺身）、なまりぶしの酢の物、なまりぶしの山椒煮、鰹きじ焼、鰹たたきの揚げ物、中おちの甘辛煮、おみやげ用として鰹の角煮であった。

一九四五（昭和二〇）年八月一五日の玉音放送を境に軍需最優先の緊張感が失われると、闇で取引されていた物品の流通がはげしくなり、ヤミ料理屋も雨後の筍のように出てきた。とくに、一九四五年一一月二〇日に生鮮食料品の公定価格が撤廃されると、魚や野菜などの生鮮食品の値段が暴騰した。そのために、大阪府など一部の地域では同年一二月一〇日から、次節で述べる外食券食堂の主食と汁物と漬物以外の副食物の公定価格が撤廃され、一般食堂の和洋食、支那料理、すし、飲料水、簡易和定食、うどん、果物などの公定価格も撤廃された（*40）。このような相次ぐ公定価格の撤廃は、食料品をはじめとする生活物資のすべての統制が外されたような印象を与えたため、闇取引も半ば公然と行われるようになり、闇取引の商品を扱う露店が乱立する闇市が形成されていった。闇市には食べ物の店が多く、いずれの店も繁盛し、短期間に大きな利益を上げる者も少なくなかった。例えば、浅草の一角に並んでいた食べ物の露店は、数か月後には小屋掛けになって、さらに屋台は新しく作りかえられ、店の奥に小さいながらも客の入るところを作ってテーブルと椅子をそなえた屋根とアンペラ（むしろ）の壁がある店になった。そして、飲食店の種類も増えて、汁粉、天ぷら、飯に代替品を使った寿司屋、鉄板の上で貝柱を焼く店、イカを焼く店、アジを焼く店など、呼び込みも賑やかに店が並ぶようになった(*41)。

露店以外のヤミ料理屋も、表営業の飲食店と裏口営業のヤミ料理屋を兼業する者や、ヤミ料理屋のみに専念する者など、いろいろなタイプが登場してきた。表営業の飲食店で使う材料が、何とか手に入るようになるのは一九四七(昭和二二)年から一九四八(昭和二三)年ごろになってからである(*42)。そのため、表営業で小さな商いをして、特定の客を相手に店の奥や二階などでヤミ料理屋をやったり、ヤミ料理の客を入れる場所がない店は表に休業の札を出してヤミ料理屋に早替わりしたりした(*43)。

これらのほかに、米や小麦粉など主食としての配給品目を主な材料としていた寿司屋やうどん屋やパン屋などの飲食店では、委託加工といって客から米や小麦粉などの主食原料を預かって加工賃を現金で受け取り、寿司やうどんやパンなどに加工していた。これらの店の中には、客から預かった材料を少しずつ抜き取って、店で出す料理にまわす者や(*44)、他の業者へ転売する者が多く(*45)、副収入を得ていたのである。

ヤミ料理屋を専門にしていた者の中には、ごく普通の家の建物で客を取っていた「料理屋ならぬ料理屋」がたくさんあった(*46)。焼け残りの小さな家や焼け跡の壕舎(防空壕)のヤミ料理屋で、刺身や天ぷらや白米のご飯など、戦前の料理屋に負けない御馳走が出たのである(*47)。

特定の建物を持たない出張ヤミ料理屋もあった(＊48)。また、料理屋の看板をあげて、堂々とヤミ料理屋を営む者もあった(＊49)。外食の裏で、和食は生き残ったのである。

しかし、外食の裏にも政府の取り締まりは及んできた。闇物資が乱れ飛び、経済の混乱を招く危険があるとして、一九四七(昭和二二)年二月三日から全国一斉に闇物資の取り締まりが実施された。これに続いて、政府は配給物資を統制のルートに戻し食糧事情を改善するために、ヤミ料理屋の厳しい取り締まりを行うことにした。一九四七年六月一日から、東京の飲食店の全面休業が実施された。そして、同年七月五日にポツダム政令「飲食営業緊急措置令」(通称「七・五政令」)が公布、即日施行され、全国一斉に料理飲食店の営業停止が実施された。これによって、違反した場合は国籍にかかわらず、飲食物を提供した店だけでなく、提供を受けた客も同罪に問われることになった(＊50)。唯一、この政令から除かれたのは、外食券食堂、旅館、喫茶店、そのほか経済安定本部総長官が承認したものだけだった(＊51)。

「飲食営業緊急措置令」による取り締まりは、施行当初は厳しかったが(＊52)、施行から数か月も過ぎると、個人のちょっとした食事程度の場合は、ほとんど罪に問われることはなかった。店の隣の部屋には刑事がいたが問題にもしなかったり、飲んでいるときに巡査の見回りが入っても、謝ってすんだ(＊53)。個人の些細な違反よりも、取り締まる側の役人の違反の規模の方が大きかった。例えば、和歌山県の職員が旅館でヤミの宴会を開いたり、四日間ぶっ続けで温泉の七つの旅館で関係官庁員および各業者ら三〇〇余名で宴会を開いたりしていた(＊54)。これほどまでに大規模な宴会が、外食の裏では生き残っていたのである。

「飲食営業緊急措置令」による全国の料理飲食店の営業停止期間は、当面一年としていたが、食糧事情がなかなか改善しないので、延長改正を繰り返し、結局、一九四九(昭和二四)年四月末までに延長された。そして、一九四九年四月三〇日で期限が切れると、同年五月七日に「飲食営業臨時規正法」が新たに公布、即日施行された。この法律によって、飲食営業の禁止および制限から、飲食営業の合理的な規制を行うことに目的が変わったとはいえ、その実態は飲食営業の制限であり、米穀をはじめとする主要食料の提供の禁止であり、大要は継承された(＊55)。そのため、外食の場へ自由に行って飲食を楽しむことは、なかなかできなかった。とくに、米飯をおかずと一緒に食べたい、という欲求を表で満たすことはできなかった。もし、料理と一緒に米飯を食べたければ、弁当を持参しなければならなかった。あるいは、店にヤミ料理として頼んで、米飯を弁当箱に詰めてもらって、持参を偽装しなければならなかった(＊56)。茶碗に盛った白いご飯を、外食の場で自由に食べられるようになるのは、少なくとも東京では一九五二(昭和二七)年六月に一般飲食店でも米飯の提供が許可制で再開されてからである(＊57)。ただし、庶民の外食の場が公の場から完全に消えたわけではなかった。次節で述べるように、戦時体制の時代に普及した外食券食堂が、庶民の外食の主要な場となったのである。

4 外食券でおもてなし

高級料理屋をはじめ、多くの料理飲食店が戦時中に姿を消していった中で、新しい飲食店も登場した。第二章第一節で述べた一九四一（昭和一六）年四月一日から実施された米穀配給通帳制にともなって、外食券制度が実施され、そのための飲食店が必要になったのである。外食者に対しては、米の代わりに外食券と呼ばれる回数券状のチケットが配給された（＊58）。外食券は、外食券取扱飲食店で指定の代金を添えて出すと、主食付きの食事を食べることができた。そして、外食しない場合は、外食券を配給所へ持っていけば米と交換することもできた（＊59）。つまり、割当配給量の米を、ご飯で一食分ずつ受け取るのである。その場合、飲食店では米からご飯に加工するための炊飯燃料や、副菜や汁の費用が発生しているので、代金を支払う必要があった。飲食店は、客の渡した外食券をまとめて配給所へ持って行き、外食券の枚数に応じた量の米と交換した（＊60）。

食券を使って食事をするシステムは、大正半ばには後述する公営食堂などで行われていた（＊61）、百貨店の食堂でも大正末期から昭和初期にかけて取り入れられていた（＊62）。ただし、米穀配給通帳制における外食券は、制度導入時の一九四一年の一人に対する最大発行枚数が九〇枚から九三枚（一食一枚で一か月分として）で、有効期限が発行当該月一日から翌月末日までの二か月間と(＊63)、それまでの食券とは違っていた。そのため、戸惑う人も現れ、偽造や不正なども起こった。

外食券を持つ者だけが利用できる専用の外食券食堂の起源は、大正年間までさかのぼるが、第二次世界大戦末期から戦後にかけてはとくに重要な外食の場となった。外食券食堂開設の目的は、大正年間に発生した公益食堂の目的と同一の、外食生活者の保護にあった。公益食堂は、第一次大戦直後の物価騰貴による庶民の食生活難や社会不安を緩和するために、一九一七（大正六）年一月に社会政策実行団によって東京の芝区新幸町に設立された平民食堂にはじまる。その後、一九一八（大正七）年の米騒動を直接の動機として、全国の都市に続々と開設された。東京府または東京市による直接の開設は、一九二〇（大正九）年四月の牛込区神楽坂《かぐらざか》が最初である。一九二一（大正一〇）年度には、日本橋、神田橋、本所、三味線掘の五か所に食堂が増設されたが、一九二三（大正一二）年九月の大震火災により、神楽坂食堂以外は全部焼失した。震災後、簡易食堂や仮説食堂を開設したが、復興とともに漸次閉鎖し、新たに復興事業として増設されたりもした。しかし、経済危機が落ち着くと食堂の利用者は減少し、食堂の数も減少した。

一方、太平洋戦争勃発により外食券制度を開始した一九四一（昭和一六）年度には、時局関係上、労務者が激増したため、利用者は急激に増加の傾向を示すようになり、新たな食堂も開設するようになった。外食券制度の施行当初は、外食者は都設の公益食堂のほかに民間の東京都料理飲食業組合の一般外食券食堂部も利用していた。戦況が悪化すると、空襲の激化にともない店舗の大半が焼失したり、従業員不足のため閉鎖する店舗が多くなってきたため、一九四五（昭和二〇）年四月に内務省防空総本部の命令によって、個人経営の一般外食券食堂と都営食堂とを統合して財団法人東京都食堂協会が設立され、外食券食堂の一本化が図られたのである。外食券食堂は戦後にも引き継がれ、一九四七（昭和二二）年度を最盛期としたが、一九四八（昭和二三）年度には下降傾向を示し始めた（＊64）。

以上のように、外食券食堂は社会情勢に敏感に左右されながらも、一般大衆に対して廉価で栄養に富む食事を提供してきただけでなく、団欒的雰囲気に浸り、あたたかく楽しい食事ができるようにも努めてきたのである。食糧配給制度が施行されてからは、家庭内での食生活と外食での食生活の不均等がないように注意を払うことが求められた（＊65）。そして、利用者の多くは、一六歳から三五歳のサラリーマン、労務者、学生などの一人暮らしの男性で、住まいでは炊事ができなかったり、炊事の手間を省くために外食券食堂を利用していた（＊66）。つまり、外食券食堂では、高級な料理や外出時のレジャー的な御馳走ではなく、家庭の食事の代用としての食事が提供された。

表3-3　東京都内の外食券食堂の軒数と供食数（1945–1948年度）

年 度	月平均食堂数（軒）	1年間の供食数（食）	1食堂の月間供食数（食）
1945年度	438	13,747,229	2,609
1946年度	489	68,715,170	11,710
1947年度	527	76,963,349	12,240
1948年度	531	63,210,134	9,920

出所：東京都民生局「外食券食堂事業の調査：昭和24年10月」，『資料集「昭和期の都市労働者 1 東京：日雇・浮浪者」[8] 昭和24年・25年・26年』近代資料刊行会，2006年，22頁より作成.

東京都内の外食券食堂の数は開設月によっても違うが、一九四五（昭和二〇）年度から一九四八（昭和二三）年度の食堂軒数と、それらで一年間に提供された食事数は表3－3に示すようにはなはだ多い数である。一食堂あたりの月間供食数でみても、きわめて多い（＊67）。一九四九年の調査では、一人一食時に平均一・五二食を食べていたから（＊68）、供食数がそのまま人数ではないが、多くの庶民が日常食を食べていたことを示す数字である。

一九四九（昭和二四）年一〇月当時の東京都内の外食券食堂では、五種類の定食が供されていた。A定食（一三円）は、主食七六匁（二八五グラム）以上（米飯のみ場合）、汁実入九勺（一六二ミリリットル）、小付一〇匁（三七・五グラム）が基本で、B定食（二三円）以下、C定食（二五円）・D定食（二八円）・E定食（三〇円）までは、A定食の基本の主食と汁と小付に調理による惣菜が付いた（＊69）。A定食は一汁である。B・C・D・E定食の違いはおかずの種類や数であるが、表3－

4に示すように三品以上のものは少なく、ほとんどが一品か二品である(＊70)。つまり、多くの場合は一汁一菜か一汁二菜である。五種類の利用食数は、A定食が二六・七%、B定食が二七・一%、C・D・E定食あわせて四六・二%で、たいていの人が惣菜付きの定食を利用していた。したがって、一汁一菜または一汁二菜の食事をとる人が多かったことがわかる(＊71)。

定食のくわしい内容については、具体的な献立の報告がないのでわからない。供食に対する聞き取りの調査報告から、野菜を多くしてほしい、毎日同じおかずは出さないでほしいという要望や、甘味不足に関連した要望などが目立つが、これだけから献立を推測することはできない。ただし、前述したように一人一食時に平均一・五二食を食べていたことから、一食分の分量は多くはなかったことがうかがえる。

以上のように、日常の食事を提供する外食券食堂では、現在の「和食」

表3-4　東京都内15か所の外食券食堂の定食の惣菜数（1949年10月）

食堂名	定食の種類			
	B	C	D	E
四谷第八	2	2	2	2
三河島第四	1	1	2	1
山谷第一	1	1	1	1
西芝浦第一	4	2	4	3
鷹番	2	2	4	7
大塚中町	1	1	2	1
有楽町		1		2
蛎殻町	2	2		5
上大崎	1	1	1	1
代官山	1	1	1	3
池袋第二	3	1	4	3
太子堂第二	1	2	1	1
中野本町第一	1	1	1	4
和泉	1	1	1	1
岩淵	2	2	3	6

出所：東京都民生局「外食券食堂事業の調査：昭和24年10月」30頁，表11より作成.

の定義にあてはまるような一汁三菜の献立は、少なくとも著者らが調べた限りでは確認できなかった。前章で述べたように、そのパターンが庶民の家庭に普及するには、高度経済成長期まで待たなくてはならない。しかし、日常の朝昼夕三度の食事にご飯を食べる権利を全国民に与えたのは、戦時体制下における国策に起因している。それと同時に、本章で明らかにしてきたように、戦中戦後に起こった飲食業界の大衆化も、和食の由来に関わる重大なプロセスとして指摘できよう。

第四章

「和食（Washoku）」のブランド化

ここまでの各章で指摘してきたように、今日いわれている「和食」の由来となるものが、近代の外食と密接な関係を持ち、家庭に浸透し始めたのは高度経済成長期からである。しかもその時点では、第一章で述たように、「和食」の意味はまだ「日本風の食事」という広い意味で解釈されて使用されていた。「和食」という言葉が、普通名詞から固有名詞へと変貌する不思議なプロセスを遂げ始めたのはきわめて最近の出来事である。

本章においては、二一世紀に入ってから始まった「和食のブランド化」を扱う。ユネスコの無形文化遺産リストへの「和食」の記載の決定が発表された二〇一三（平成二五）年一二月四日以降、日本政府の「和食の神話づくり」ともいえる過程が本格的に実践され始めた。

1　「日本ブランド戦略」の中の「和食」

第一章において述べたように、新聞記事データベースで「和食」という単語が見出しに増え始めるのは、一九九〇年代の後半である。例えば「朝日新聞」の場合、一九九九（平成一一）

年に「和食」が見出しに現れる記事の数は、二年前の一九九七（平成九）年の一〇倍近くになっている（第一章図1－4参照）。この飛躍的な増加は、一見すると和食が日本社会において関心の高い対象となる変革期のように見える。しかし、詳細に記事を見ていくと、それは正しくないことがわかる。九〇年代の後半に「朝日新聞」の見出しにおいて「和食」という用語が圧倒的に増える原因は、一九九八（平成一〇）年四月七日から連載が始まった「和食をたのしむ」というコラムが含まれているからである。これは、日本料理店料理長の野崎洋光氏による季節の素材を生かしたレシピコラムで、人気が高く二年間続いた。野崎氏のコラムを除くと、「朝日新聞」の見出しに「和食」という用語を含む数は注目すべき変化を示していない。一九九八年は一一回（四六回マイナス三五回）、一九九九年は一七回（六四回マイナス四七回）、二〇〇〇（平成一二）年は九回（二三回マイナス一四回）である。

また、第一章に示したとおり、日本の二大新聞「読売新聞」と「朝日新聞」のデータベースを詳細に分析すると、二〇世紀全般の例から「和食」という言葉は元来「日本風の食物」を非常に広い意味で表すものであったことがわかる。それは高度経済成長期以後も続いている。例えば、一九六八（昭和四三）年の朝日新聞は、メキシコ・オリンピックに参加している日本選手への「気付け薬」として、インスタントみそ汁と漬物という「和食」が送られたと報じている。一九八六（昭和六一）年の同紙は、英王室のダイアナ妃が「和食」を好み、訪日を前にして箸の使い方を練習していると誇らかに報じている。二〇〇五（平成一七）年の記事は、日本風のファストフードが中国で人気と伝え、やはり「和食」という言葉を使っている（＊1）。

両新聞の見出しに、「和食」と「ブランド」という用語が初めて一緒に登場するのは、二〇〇五年である。これは、朝日新聞の「三者三論」と題されたオピニオンコラムの「和食のブランド化」という記事で、海外進出している著名な日本料理のシェフである松久信幸氏、食文化研究家の重鎮である石毛直道氏、そしてフランス食品振興会日本代表のジャン・シャルル・クルーアン氏の三氏が、日本料理を海外で普及させるのにどういう施策が必要かについて意見を寄せている（＊2）。これを「和食のブランド化」の始まりとして見ることができる。この記事が世に出たタイミングが偶然とは思えない。数年前に政府機関が取り組み始めた「日本ブランド」戦略の推進過程と強く関わっている可能性が高い。

二〇〇三（平成一五）年五月、知的財産基本法第二四条の規定に基づき、内閣に知的財産戦略本部という新しい機関が設置された（＊3）。その中に、コンテンツ専門調査会の日本ブランド・ワーキンググループが設置され、二〇〇四（平成一六）年一一月二四日には第一回の会議がもたれた。この第一回会議では、『食』のブランド化に向けて」と「農政の展開方向と食の地域ブランド振興」という食に関連する二つの議題が含まれていた（＊4）。このワーキンググループは、二〇〇五（平成一七）年二月二五日付で「日本ブランド戦略の推進──魅力ある日本を世界に発信」として「魅力ある日本をつくるための三つの目標と一二の提言」を示した。ここで、日本の優れたライフスタイルを活かした「日本ブランド」づくりが国家戦略上も重要であるとして、食、地域ブランド、ファッションの三つが絞り込まれ、「食」は目標の一番目に「豊かな食文化を醸成する」と掲げられ、次の四つの提言がなされた(＊5)。

・提言1　民間が主体となって優れた日本の食文化を評価し発展させる
・提言2　食育や安全・安心と正直さが伝わる食材づくりの推進により日本の食のブランド価値を高める
・提言3　調理師養成施設、料理業界、大学等は食を担う多様な人材を育成する
・提言4　日本食に関する正しい知識や技術を広く普及し積極的に海外展開する

この提言は、二〇〇五年六月一〇日付の「知的財産推進計画二〇〇五」に反映され、「豊かな食文化を醸成する」目標は「ライフスタイルをいかした日本ブランド戦略を進める」第一番面に明記され、次の六つの施策が示されるに至った(＊6)。

(1)　優れた日本の食文化を評価し、発展させる

(2) 国民運動として食育を推進する
(3) 安全・安心と正直さが伝わる食材づくりを推進する
(4) 食を担う多様な人材を育成
(5) 日本食に関する正しい知識や技術を広く普及し、海外展開を積極的に行う
(6) 優れた日本産の食材を世界に普及させる

また、先のワーキンググループの報告を踏まえて、民間が主体となって二〇〇五年四月に「食文化研究推進懇談会」が組織された。同年七月一九日に「日本食文化の推進～日本ブランドの担い手～」と題する懇談会の行動計画が発表され(＊7)、三つの目標と一〇の行動宣言が示されている(表4―1)。

実際の普及活動としては、二〇〇六(平成一八)年一〇月より外務省と農林水産省の共同事業として「WASHOKU–Try Japan's Good Food 事業」が立ち上げられ、在外公館等において各国要人やオピニオンリーダーに対して日本産の食材を用いた日本食などの提供が二〇一一年末まで行われた(＊8)。

以上のように、食の日本ブランド化の構想が着々と固められていくと、二〇〇九(平成二一)年の「日本ブランドの確立と発信に関する関係省庁連絡会議」においても「日本食・日本食材

表4-1　食文化研究推進懇談会が2005年7月に提出した目標と行動宣言

目 標	(1) 豊かな日本食文化を醸成し国内外に発信・交流することにより，ブランドとしての信用を高め，世界の日本食人口を倍増させる． (2) 豊かで安全・安心・正直な食を通じて，農林水産魚，加工・外食産業，観光産業などの国内産業の適正化と活性化に寄与する． (3) 民間が主体となって行動し，あらゆる業界の力を集結する．
宣 言	(1) 日本食文化の基準となるテキストを作成する． (2) 食の安全・安心キャラバンを世界に派遣する． (3) 外国人シェフを対象とした実務研修を行う． (4) 世界料理サミットを日本で開催する． (5) 外国人に日本食のすばらしさを体験してもらう． (6) 食育活動を強化する． (7) 優れた食材を生み出す生産者との連携を強化する． (8) 優れた日本食の料理人を顕彰する． (9) 料理学校と料理店の連携を強化する． (10) 大学に食関係の学部や学科を設置する．

出所：食文化研究推進懇談会「日本食文化の推進～日本ブランドの担い手～」2005年7月19日（http://www.eiyo.ac.jp/shokuiku/images/report.pdf），10–12頁より作成．

の海外展開」を組上にあげ、①海外での日本食・日本食材のPR活動の強化、②日本食レストラン海外普及推進機構（JRO）の取り組みへの支援、③海外における我が国の地名等に関する商標出願についての情報収集・共有体制の整備、の試案を出している（＊9）。

ここで注視しなければならないことがある。以上の資料には、「和食」という用語ではなく、「日本食」あるいは「日本食文化」「日本食材」という表現が使われている点である。「和食」が登場するのは、ローマ字で表記された「WASHOKU－Try Japan's Good Food 事業」のみである。このキャンペーンは、外務省と農林水産省の共同事業として二〇〇六（平成一八）年に

表4-2 「WASHOKU-Try Japan's Good Food 事業」(2006-2011年)

実施年 【実施回数】	実施月：場　所（日付）
2006年 【5回】	10月：在フィンランド大使館（10日） 11月：在メキシコ大使館（17日） 12月：在シドニー総領事館（7日），在アラブ首長国連邦大使館（12日），在ホノルル総領事館（14日）
2007年 【23回】	1月：在スロバキア大使館（18日），在インド大使館（30-31日），在クロアチア大使館（31日） 2月：在ドバイ総領事館（18日） 3月：在中国大使館（12日），在ペナン総領事館（14日） 5月：在エジプト大使館（2日），在ロシア大使館（3日），在ブルガリア大使館（7日） 6月：在ノルウェー大使館（19日），欧州連合（EU）日本政府代表部（27日） 7月：在中国大使館（25日） 8月：在デンマーク大使館（17-18日） 9月：在バンクーバー総領事館（10日），在中国大使館（28日） 10月：在アイルランド大使館（31日-11月1日） 11月：在デュッセルドルフ総領事館（16日），在マレーシア大使館（19日），在ドバイ総領事館（21日） 12月：在シンガポール大使館（4日），在クウェート大使館（9日），在ロシア大使館（13日），在ブルネイ大使館（11日）
2008年 【24回】	1月：在香港総領事館（10日） 2月：在ドバイ総領事館（23日） 3月：在サンフランシスコ総領事館（5日），在トロント総領事館（8-10日），在ボストン総領事館（11日），在ロサンゼルス総領事館（13日），在ペルー大使館（10日） 6月：在フランス大使館（18日） 7月：在マレーシア大使館（25日） 9月：在香港総領事館（11日），在英国大使館（16日），在ロシア大使館（16日），在カナダ大使館（22日），在ブルガリア大使館（24日） 10月：在広州総領事館（11日），在韓国大使館（22-23日），在中国大使館（15-19日） 11月：在デュッセルドルフ総領事館（13日），在シカゴ総領事館（19日），在香港総領事館(19日)，在ドバイ総領事館(26日) 12月：在オマーン大使館（1日），在ロシア大使館（3日），在シンガポール大使館（3日）

2009年 【10回】	6月：欧州連合（EU）日本政府代表部（30日） 7月：在シドニー総領事館（20日） 8月：在マレーシア大使館（14日） 10月：在デュッセルドルフ総領事館（1日），在インドネシア大使館（4日），在オランダ大使館（10日），在スイス大使館（29日） 11月：在広州総領事館（13–14日），在オマーン大使館（16日） 12月：在シンガポール大使館（7日）
2010年 【5回】	8月：在シカゴ総領事館（8–9日） 9月：在バンクーバー総領事館（13日） 10月：在広州総領事館（17日） 11月：在ボストン総領事館（1–2日），在英国大使館（3日）
2011年 【4回】	1月：在オマーン大使館（23日） 2月：在シンガポール大使館（25–27日） 3月：在サウジアラビア大使館（5日）， 在大連出張駐在館事務所（6日）

出所：外務省ウェブサイト「WASHOKU–Try Japan's Good Food 事業」（http://www.mofa.go.jp/mofaj/annai/zaigai/washoku/index.html）より作成［2015年7月14日最終閲覧］.

創設された事業で、その目的は「在外公館において、現地の要人やオピニオンリーダー等を対象に、日本からの高品質な食材を用いた日本食等を提供することにより、日本食文化の普及を図るとともに、日本産農林水産物や食品の輸出振興を支援」することであると報道されている（＊10）。この事業の第一弾として二〇〇六（平成一八）年一〇月一〇日に在フィンランド大使館で会食を実施し、これ以後五年間にわたって世界各国で事業展開した（表4－2）。

　ここで注目すべき点は、「和食」という用語の意味である。それは前述した新聞での用いられ方よりも広い意味で使われた。「日本風の食物」というのではなく、「日本で生産された食物」というように使われているのである。例えば、プロモートされた食品一覧を見てもわかるように、鰹節や味噌、日本茶などきわめて「日本的」といえる食品だけでなく、世界中で生産・食用されているトマト、キュウリ、リンゴ、イチゴなどのようなものまでもが含まれている（＊11）。「WASHOKU–Try Japan's Good Food 事業」の資料には、「和食」の定義は提示されていない。農林水産省が日本食海外プロモートのために発した「The Food of Japan」「Oishii Japan」「Delicious Nippon」などのキャンペーンには同様の傾向が見られる（＊12）。

知的財産基本法第二四条の規定に基づいて内閣に設置された知的財産戦略本部は、「知的財産の創造、保護及び活用に関する施策を集中的かつ計画的に推進する」という目的を中心に活動を進めていた。そのプロセスを理解するのに、「ジャパン・ブランドの確立を通じた地域活性化に関する考察」という資料が貴重な手がかりを与えてくれる。この論考には、ジャパン・ブランド関連の主要な取り組みとして、知的財産戦略本部の戦略活動を含む七の分野の二〇〇二（平成一四）年から二〇一四（平成二六）年八月までの動向を年表にまとめて示されてある（＊13）。その分野とは、「知的財産戦略本部の日本ブランド・クールジャパンの戦略に関する活動」、「日本ブランド・複数分野の対外発信」、「コンテンツ関連」、「食文化関連」、「地域資源・地域ブランド」、「インバウンド観光」、「ファッション」である（表4－3）。この中から、「食文化関連」についてみると、国内向けと海外向けともに活動が展開されたことがわかる。例えば、海外向けでは二〇〇五（平成一七）年四月の「農林水産省による製品輸出のための全国総会」

表4-3　ジャパン・ブランドとしての「食文化関連」の取り組みの動向

西暦	月	食文化関連事項
2005年	4月	農林水産省による製品輸出のための全国総会「食文化研究推進懇談会」設立（民間）
	7月	「食育基本法」施行
2006年	3月	「食育推進基本計画」策定
	10月	「WASHOKU－Try Japan's Good Food 事業」開始
（2006年度）		（日本食海外普及功労者表彰の開始）
2007年	5月	「我が国農林水産物・食品の総合的な輸出戦略」策定
	7月	日本食レストラン海外普及推進機構（JRO）設立
	11月	「食と農林水産業の地域ブランド協議会」設立
（2008年度）		（農林水産物・食品地域ブランド支援事業の取り組み）
2010年	5月	知的推進計画 2010 でのテーマ：「地域の食材を核とした食文化のブランド構築」

出所：藤野洋「ジャパン・ブランドの確立を通じた地域活性化に関する考察――クラスター的な連携の枠組みの試案と中小企業の役割（下）」，『商工金融』第65巻第1号，2015年1月，76–79頁「ジャパン・ブランド関連の主要な取組に関する年表」より作成.

と「食文化研究推進懇談会」の設立、前述の「WASHOKU－Try Japan's Good Food 事業」、そしてNPO法人「日本食レストラン海外普及推進機構（JRO）」の設立である。JROが設立後すぐに始めた海外での日本食レストラン検査は、「Sushi Police（寿司警察）」と呼ばれるようにまで批判を受けた(＊14)。

国内向け活動の出発点として、二〇〇五年七月に「食育基本法」が施行され、翌年三月の「食育推進基本計画」策定と続く。食の日本ブランド化において、「食育」という施策が強く関わっていることを示唆しているのは、前述のコンテンツ専門調査会の第一回会議において、日本食のブランドイメージの一つとして挙げた「ヘルシー」な面を、食習慣や栄養バランスが乱れる中で維持するために、食育の推進を提示している（＊15）こととも通じている。

2 「食育」と「日本型食生活」

「食育」に省庁の中で最初に興味を示し始めたのは、厚生省（現、厚生労働省）である。一九八九（平成二）年当時、すでに摂取エネルギーの過剰や栄養素の偏りなどが問題視されていたことを受けて、「食を考える懇談会」を四回開催した。その結果を踏まえて事業展開するなか、食の見直しを啓発するために、『食育時代の食を考える』という書籍を出版した（＊16）。これは、厚生省の食生活にかかわる取り組みの解説と関係資料、海外の先進的な食育運動の紹介で構成されている。しかし、約五〇〇〇部の実売にとどまり、食育という言葉もほとんど普及しなかった（＊17）。

この一方で、食料自給の問題を抱える農林水産省では、一九八〇（昭和五五）年に農政審議会が提言した「日本型食生活の形成と定着」を受けて、一九八二（昭和五七）年度に「日本型食生活定着促進対策」を実施した。その一環として「食生活のあり方に関する研究」事業を受託した農政研究センターのもとに、「食生活懇話会」が五回開催された。結果をまとめて、「私たちの望ましい食生活——日本型食生活のあり方を求めて」という提言を示した。ここで示されている「日本型食生活」というのは、「コメとみそ汁、魚の伝統的食生活の回帰」や「戦前的な内容を持ったものとしてコメの主食の座を復活しようとするもの」ではなく、「コメや野菜や魚を中心とした戦前タイプの食生活に、動物性食品や果物などが加わって多様化し、PFC熱量バランスが栄養的に適切な値をとっている独自の食生活パターン」を意味する一九八〇年以前の食生活パターンである(＊18)。また、「日本型食生活」という考え方が登場した背景には、一九七七(昭和五二)年にアメリカの上院議員が世界の食生活の状況を調査した結果、日本人の食生活がきわめて健康であると結論づけた考えを逆輸入したともいわれている(＊19)。つまり、「日本型食生活」はきわめて新しい食生活パターンで、実際にはこのモデルの根拠となった数値は、欧米型の食生活パターンの青少年と戦前的な日本的食生活パターンの高齢者の平均なのである(＊20)。

ところが、日本型食生活という用語は、提言の中でも懸念されていたように、本来の意味とは違った理解が先行する形で食料自給率向上に利用されることになった。食糧庁では、コメの優れた栄養価を強調し、コメのイメージアップを図り、消費を伸ばそうと働きかけた。その代表的な例は、学校給食がパン食から部分的に米食にかわったことである。戦後、連合軍の放出物資およびララ物資(米国の日本向け援助物資)の缶詰類と脱脂粉乳が支給された学校給食は、一九五〇(昭和二五)年には原則としてパン給食にすることが定められ、実施されてきた(＊21)。

しかし、農山漁村等の一部地域において一九六二（昭和三七）年度から米飯給食が実施されるようになり（＊22）、次いで一九七〇（昭和四五）年からは、食糧庁から米の無償交付を受けた文部省協力の実験校で、米飯給食の試験導入を行った（＊23）。そして、一九七六（昭和五一）年からは、全国的に米飯給食が本格的に導入されるようになった。当時は三分の一程度の実施小中学校にすぎなかったが、実施回数は徐々に増加し、一九八八年には九八％の学校が平均週二〜三回導入するまでになった（＊24）。

こうした動きは起こったものの、コメの消費は年々減少し、食料自給率も下降するばかりであった。日本の食料自給率は、一九六〇（昭和三五）年にはカロリーベースで七九％であったが、これ以降は低下の一途をたどり、近年は四〇％弱で推移している（＊25）。約五〇年あまりで半減したのである。この値は、工業化の進んだ経済活動を行っている諸外国と比較しても最低の水準である。例えば、二〇一一（平成二三）年の各国のカロリーベース食料自給率は、カナダ二五八％、オーストラリア二〇五％、フランス一二九％、アメリカ一二七％、スペイン九六％、ドイツ九二％、イギリス七二％、スウェーデン七一％、オランダ六六％、イタリア六一％、スイス五七％、韓国四一％、日本三九％である（＊26）。この日本の食料自給率低下は、換言すれば食料輸入に強く依存しているということであり、食料安全保障の観点から最も危惧すべきことである。そのため、食料自給率が一九八九（平成一）年に五〇％を割り込み、下降を続ける一九九〇年代以降、日本政府はさまざまな手段を使って食料自給の問題に取り組んできたが、芳しい成果は上がらなかった。

二〇〇〇年代に入ると、農林水産省でも「食育」への取り組みが行われるようになった。二〇〇六（平成一八）年度版の『食育白書』によれば、二〇〇二（平成一四）年に食育を促進することが位置づけられ、翌二〇〇三（平成一五）年に食育を推進する担当部局を設置し、二〇〇五（平成一七）年には「食料・農業・農村基本計画」の閣議決定において食料自給率向上に向けての重点的に取り組むべき事項に食育が位置づけられた。そして、二〇〇三年から「ニッポン食育フェア」や「食育コンクール」などのイベントを実施し、全国に約三万人規模で食育推進ボランティアを養成するなど積極的に活動支援を行ったりもした（＊27）。こうした活動も要因となって、「食育」という言葉の普及は、先に述べた旧厚生省が試みたときよりもかなり効果をあげたようである。例えば、二〇〇五年七月に内閣府が行った「食育に関する特別世論調査」では、五二・六％が言葉を知っており、六九・八％が関心があると答えている（＊28）。

以上のように、健康に柱をおく旧厚生省が食のことを考え、食に柱をおく農林水産省が健康のことを考え、教育現場に米の消費向上の働きかけが行われるようになってきたなかで、二〇〇〇（平成一二）年に厚生省、文部省（現、文部科学省）、農林水産省の三省共同で「食生活指針」を決定し、**表４－４**に掲げる一〇項目が示された（＊29）。

表4-4　2000年策定の食生活指針

食生活指針
・食事を楽しみましょう.
・1日の食事のリズムから，健やかな生活リズムを.
・主食，主菜，副菜を基本に，食事のバランスを.
・ごはんなどの穀類をしっかりと.
・野菜・果物，牛乳・乳製品，豆類，魚なども組み合わせて.
・食塩や脂肪は控えめに.
・適正体重を知り，日々の活動に見合った食事量を.
・食文化や地域の産物を活かし，ときには新しい料理も.
・調理や保存を上手にして無駄や廃棄を少なく.
・自分の食生活を見直してみましょう.

出所：厚生省「『食生活指針』の策定について」
2000年3月23日報道発表資料
（http://www1.mhlw.go.jp/houdou/1203/h0323-1_11.html）より作成.

そして、この食生活指針を具体的な行動に結びつけられるようにイラストで示した「食事バランスガイド」を、二〇〇五（平成一七）年に厚生労働省と農林水産省の共同で策定した（＊30）。これらは、現在もさまざまな場で活用されているにもかかわらず、その認知度は決して良好とはいえない。例えば、二〇〇七（平成一九）年三月の内閣府の食育に関する意識調査では、日常の健全な食生活の実践における指針等の活用について、複数回答にもかかわらず、「食生活指針」は九・五%、「食事バランスガイド」は三九・五%という結果を得たにとどまっている（＊31）。

その後、この内容の大部分を引き継いで、二〇〇五年に食育基本法が制定された。この法律は前文で、生きるうえでの基本として食育を位置づけ、健康な食生活の実現と食料自給率の向上に寄与すると明記している（＊32）。そして、この法律を推進する施策が示された食育推進基本計画（第一次、二〇〇六年度から二〇一〇年度）では基本的な取り組み方針が示され、五年ごとに見直された第二次食育推進基本計画（二〇一一年度から二〇一五年度）にも引き継がれ、この方針に従って食育が推進されている（表4－5）。

表4－5に示した食育推進基本計画の取り組み方針を見てもわかるように、現在の日本人の食習慣や栄養バランスの悪さの矯正と、食料自給率改善にかかわる事項が強調されている。ところが、食の日本ブランド化の一翼を担うものとして取り組まれている施策であるにもかかわらず、そこには「和食」という概念がまったく登場しないのである。食育基本法が成立し、食育推進基本計画が策定された二〇〇六（平成一八）年三月の時点において、日本ブランド化を推し進める知的財産戦略と最も関わりがあるものとして示されているのは、六項目めの「伝統的な食文化、環境と調和した生産等への配意及び農山漁村の活性化と食料自給率の向上への貢献」である。「知的財産立国への取組との連携」として、日本の伝統ある食文化に対する国民の理解を深めるための活動を促進するとしているが（＊

表4-5　第1次・第2次食育推進基本計画における基本的な取り組み方針

食育の推進に関する施策についての基本的な方針
(1) 国民の心身の健康の増進と豊かな人間形成
(2) 食に関する感謝の念と理解
(3) 食育推進運動の展開
(4) 子どもの食育における保護者，教育関係者等の役割
(5) 食に関する体験活動の食育推進活動の実践
(6) 伝統的な食文化，環境と調和した生産等への配意及び農山漁村の活性化と食料自給率の向上への貢献
(7) 食品の安全性の確保等における食育の役割

出所：内閣府「食育推進基本計画の概要」2006年3月（http://www8.cao.go.jp/syokuiku/about/plan/pdf/kihongaiyou.pdf），および「第2次食育推進基本計画の一部改定（概要）」2013年12月（http://www8.cao.go.jp/syokuiku/about/plan/pdf/2kihonkaiteigaiyou.pdf）より作成．

33)、そこには「和食」という用語は用いられていないばかりか、日本ブランドとしての食文化関連の取り組みとして策定されたはずの食育推進基本計画のどこにも「和食」という用語を見つけることができなかった。二〇一一（平成二三）年三月に策定された第二次食育推進基本計画においても同様の結果であった（*34）。

これらの中では、継承すべき伝統ある食文化というとき、郷土料理や伝統料理という用語が使われている。また、第二次食育推進基本計画の冒頭では、戦前の伝統的な食生活には塩分の大量摂取や脂質の摂取不足などの課題もあったが、戦後になって畜産物や乳製品などをバランスよく取り込み、米と多様な副食からなる「日本型食生活」を実現し、海外から高評価を得ているにもかかわらず、それが失われつつあり、守ることが必要だと指摘している。つまり、食育の運用の中には「和食」という概念が含まれていないのである。

しかしながら、これまでに策定された第一次と第二次の食育推進計画が、ユネスコの登録以前に策定されたことは、食の日本ブランド化に「和食」という概念を持ち込まなかった理由であると推定できる。そのヒントは、第三次の策定に向けて検討がなされている推進計画にある（*35）。

二〇一五（平成二七）年三月付で「今後の食育推進施策について最終取りまとめ」という報告書が公開され、その中には、「和食」という用語は四か所登場する。そのうち二か所は、

「『和食』のユネスコ無形文化遺産登録」というフレーズを使って、食育を通じた郷土食や行事食などの食文化の保護・継承が重要になっていることを簡単に指摘しているだけである。ほかの二か所は、今後の食育推進の方向性について、「日本型食生活」の推進を提示する中で「和食」という用語を用いている。非常に興味深い用い方をしているので、いささか長文ではあるが以下に引用する（*36）。

一つは、日本型食生活の概要についての項目である。

> 「日本型食生活」の要素は、ごはんと汁にバラエティのあるおかずを組み合わせた「和食」の基本形と言うべきものである。ご飯には麦や雑穀を加えてもよいし、汁にも様々な具を使うことが可能であり、おかずはハンバーグ、野菜、乳製品など様々なものを取り入れることが可能である。（傍点引用者）

もう一つは、ごはん食のメリットについての項目である。

> 旬の食材を使用して季節感を取り入れることや、地域の気候風土に合った郷土料理を活用すること、洋風だけど和食というようなことなど幅広く楽しむ要素があること。（傍点引用

者）

これら「和食」という用語の用いられ方をみてもわかるように、用語は登場するものの、その意味は判然としていないのである。この報告書は、戦後に形成された日本型食生活の推進に重点を置いており、食育基本法施行当初の方針と変わらず、現状の日本人の食習慣や栄養バランスの悪さの矯正と食料自給率改善にかかわる事項が強調されている。

このように、「食育」関係の取り組みにおいては、「和食」という用語は長年使われないままでいた。本章第一節で述べた海外向けに二〇〇六（平成一八）年に開始された「WASHOKU–Try Japan's Good Food 事業」において、「和食」という用語が用いられた動きとは対照的である。ここにきて、「食育」関係の取り組みに「和食」という用語が登場し始めたのは、いかなる理由からなのか。そこには、ユネスコ無形文化遺産申請のプロセスとの強い関わりがある。次節では、この点をくわしく説明したい。

3 ユネスコ世界文化遺産への道

「ユネスコ（UNESCO）」と略称で呼ばれる「国際連合教育科学文化機関（United Nations

Educational, Scientific and Cultural Organization）」は、一九四五年に「教育、科学および文化上の関係を通じて、（略）国際平和と人類の共通の福祉という目的を促進するために」設立された（＊37）。おそらく、ユネスコの名前を最も有名にしているのは、この組織が作成する「世界遺産の代表的な一覧表」、つまり「顕著な普遍的価値」を有するとされる文化遺産および自然遺産から選ばれた「世界遺産」のリストであろう。現在、この一覧表には、自由の女神像、バチカン市、万里の長城から、グランドキャニオン国立公園、富士山まで、千を超える世界遺産が登録されている（＊38）。さらに二〇〇三（平成一五）年、ユネスコは「無形文化遺産の認知、重要性に対する認識の確保をめざす」という新たな発議を行った。この「人類の無形文化遺産」の代表的一覧表への記載は二〇〇八（平成二〇）年に始まり、現在ではアルゼンチン・タンゴ、中国の書道、インドネシアのバティック、トルコのコーヒー文化など、多岐にわたる無形文化が登録されている。ユネスコの定義によれば、「無形文化遺産」とは、「慣習、描写、表現、知識及び技術並びにそれらに関連する器具、物品、加工品及び文化的空間であって、社会、集団及び場合によっては個人が自己の文化遺産の一部として認めるもの」である（＊39）。

「人類の無形文化遺産の代表的な一覧表」に登録する条件や手続きなどがユネスコのウェブサイトにくわしく説明されている（＊40）。提案を提出する締切は毎年の三月三一日で、その結果が通常、翌年の一一月か一二月に無形文化遺産委員会会議の会期中に発表されている。この十

ユネスコ無形文化遺産の保護に関する条約
に基づく無形文化遺産への登録基準

ユネスコ無形文化遺産保護条約締約国会議で決定する運用指示書に次の通り規定されている。

段落２　申請国は、申請書において、代表一覧表への記載申請案件が、次のすべての条件を満たしていることを証明するよう求められる。

1　申請案件が条約第２条に定義された「無形文化遺産」を構成すること。
2　申請案件の記載が、無形文化遺産の認知、重要性に対する認識を確保し、対話を誘発し、よって世界的に文化の多様性を反映し且つ人類の創造性を証明することに貢献するものであること。
3　申請案件を保護し促進することができる保護措置が図られていること。
4　申請案件が、関係する社会、集団および場合により個人の可能な限り幅広い参加および彼らの自由な、事前の説明を受けた上での同意を伴って提案されたものであること。
5　条約第１１条および第１２条に則り、申請案件が提案締約国の領域内にある無形文化遺産の目録に含まれていること。

図4−1　ユネスコ無形文化遺産の保護に関する条約に基づく無形文化遺産への登録基準

出所：文化庁「無形文化遺産について」2012年9月25日配付資料（http://www.bunka.go.jp/seisaku/bunkashingikai/isanbukai/mukeitokubetsu/1_01/pdf/sanko_1.pdf）より抜粋転載.

数か月の間に、各提案が「無形文化遺産保護条約」に規定された基準を満たしているかの審査を受ける。「ユネスコ無形文化遺産の保護に関する条約に基づく無形文化遺産への登録基準」（図４−１）は全部で五項あり、うち第一項から第三項は、提案される案件が社会に浸透していること、また現在保護を要する状態にあることを定めている。残りの二項には、ユネスコの承認を得るための形式上の条件が記され、①ユネスコへの提案に先立ち、締約国における無形遺産認定を求めていること、そして②地元からの強力な支持を示す証拠が求められている（＊41）。

2． 提案書に記載されている情報から、本提案は、代表一覧表への記載のための次の基準を満たしていると決定する。

基準１　世代から世代へと伝承される中で、「和食」は、日本人の間の社会的結束を強めるとともに、アイデンティティと絆の感覚をもたらすことに重要な役割を果たしている。

基準２　「和食」の記載によって、無形文化遺産全般の重要性への認識が高まり、同時に、対話並びに人類の創造性及び環境への尊重が助長されるとともに、健康的な食が促進される。

基準３　日本の様々な地域において、研究、記録並びに教育及び文化交流を通じた認知向上といった、市民団体や政府による「和食」に係る保護措置が実施される。

基準４　多くのコミュニティ、個人、研究機関、地方自治体が、提案のプロセスに参画し、かつ、コミュニティにおける、任意の、事前の説明を受けた上での同意が伴われている。

基準５　「和食；日本人の伝統的な食文化」は、コミュニティ、集団、個人の参画に基づく無形文化遺産として、２０１２年に日本の無形文化遺産目録に含まれた。

図4-2 「和食」のユネスコ無形文化遺産代表一覧表への記載に係る決議の内容（文化庁による仮訳）

出所：農林水産省「『和食；日本人の伝統的な食文化』の提案の概要」2013年12月5日報道発表資料
（http://www.maff.go.jp/j/press/kanbo/kihyo02/pdf/131205-03.pdf）より抜粋転載.

「和食：日本人の伝統的な食文化」をユネスコの一覧表に記載する提案を行うことが、二〇一二（平成二四）年二月一七日に文化審議会文化財分科会において決定され、それに続いて同年三月九日にその決定が、外務省・農林水産省同時発表の署名で文化庁からマスコミ発表された（＊42）。翌二〇一三年一二月四日に、「和食」の提案は規定された五つの条件を遺漏なく満たしていた結果、ユネスコの一覧表への記載が行われたと発表された（図4－2）（＊43）。

提出国からの強力な支持を示す証拠としては、日本政府が支持者たちの名前と署名を添付した同意陳述書一六〇六件という形で提出した。すべての陳述を含むスキャンデータをユネスコのウェブサイトからPDF文書としてダウンロードできる（図4－3）（＊44）。これらの文書の中には、個人に加え、地方銀行から飲食業、食品小売業、食品加工業など広範な企業、さらには消費者組合、女性団体、食習慣の改善を目指す地域委員会などさまざまな草の根グループの民間代表者だけでなく、地方自治体もこの提案への支持を表明している。その中で、前述の「食育」関連のあらゆる活動とのかかわりがはっきりと表れている。

　この一六〇六件の同意陳述書をさらにくわしく見ると、ある興味深い文面の発見に行きあたる。二〇一一（平成二三）年の九月から一一月下旬までの間に記入された陳述書には、「和食」という言葉はまったく使われていないのである。代わりに、プロの料理技術を中心とする「日本料理」に言及している。例えば、**図4－4**に示す、二〇一一年一二月二二日付で地方自治体

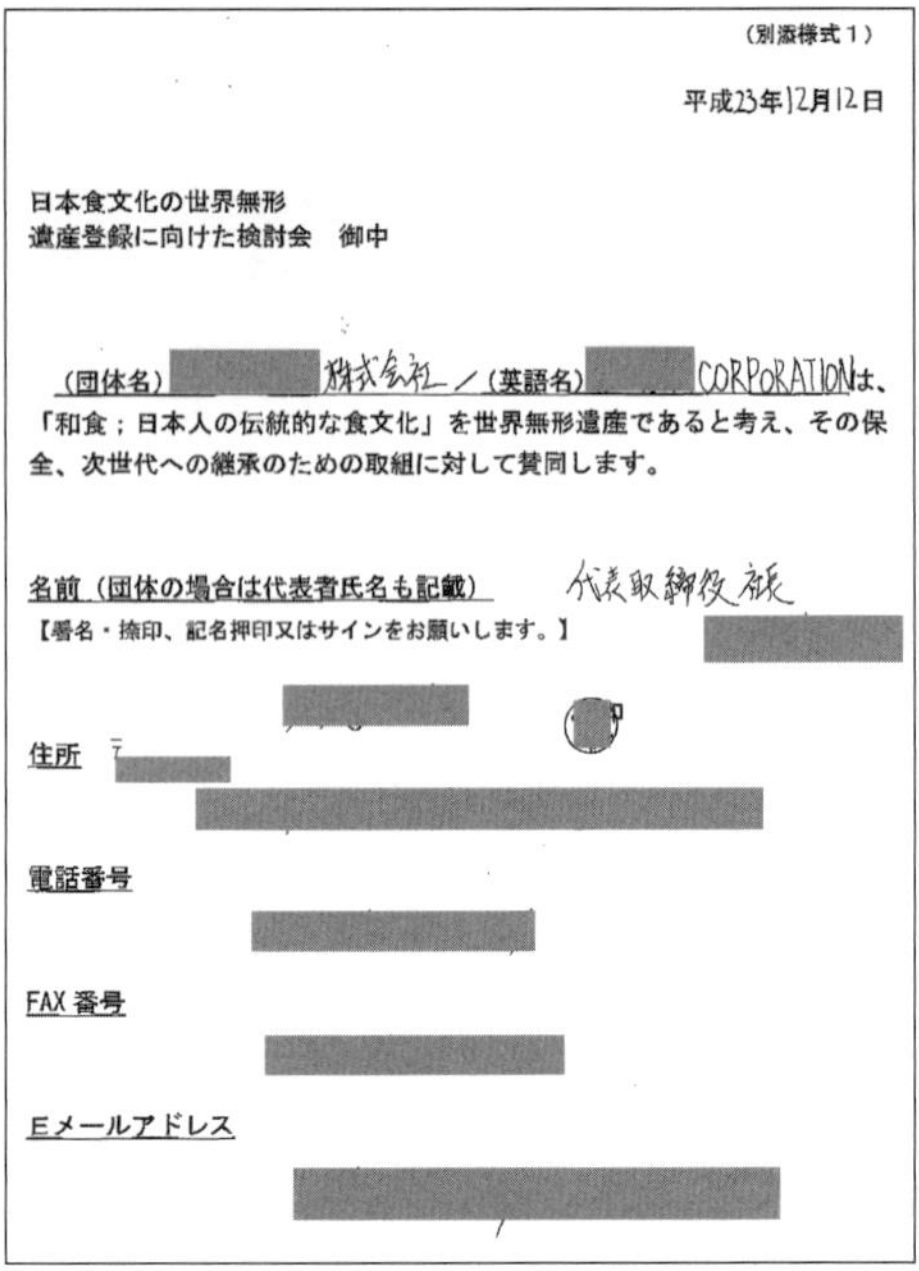

（別添様式１）

平成23年12月12日

日本食文化の世界無形
遺産登録に向けた検討会　御中

（団体名）[redacted]株式会社／（英語名）[redacted]CORPORATIONは、
「和食；日本人の伝統的な食文化」を世界無形遺産であると考え、その保全、次世代への継承のための取組に対して賛同します。

名前（団体の場合は代表者氏名も記載）　代表取締役社長
【署名・捺印、記名押印又はサインをお願いします。】
[redacted]

住所 〒[redacted]

電話番号
[redacted]

FAX番号
[redacted]

Eメールアドレス
[redacted]

図4-3　同意陳述書の例(a)

出所：UNESCOウェブサイト（註44）の「Nomination file」より抜粋転載.

X市の市長が押印した陳述内容は、「会席料理を中心とした伝統をもつ特色ある独特の日本料理」の世界無形文化遺産登録への提案をサポートするとしている。ところが、同年一二月二六日以降、すべての陳述内容は図4−3のように「和食」の言葉のみになる。一一月下旬から一二月下旬までの間の過渡期には、双方の同意陳述書のバージョンが使われている。つまり、前述したユネスコのウェブサイトから誰でも自由にダウンロードできるPDF文書の中に二種類の陳述内容が混ざってある。**図4−5**のように、英語訳も入っている第三種の陳述七八通も混ざっているが、内容は図4−3とほぼ同じである。

　こうした奇妙な賛同陳述書類の混在を、どう理解すべきだろうか。ユネスコの承認を求めた日本の提案の内容は、締め切り

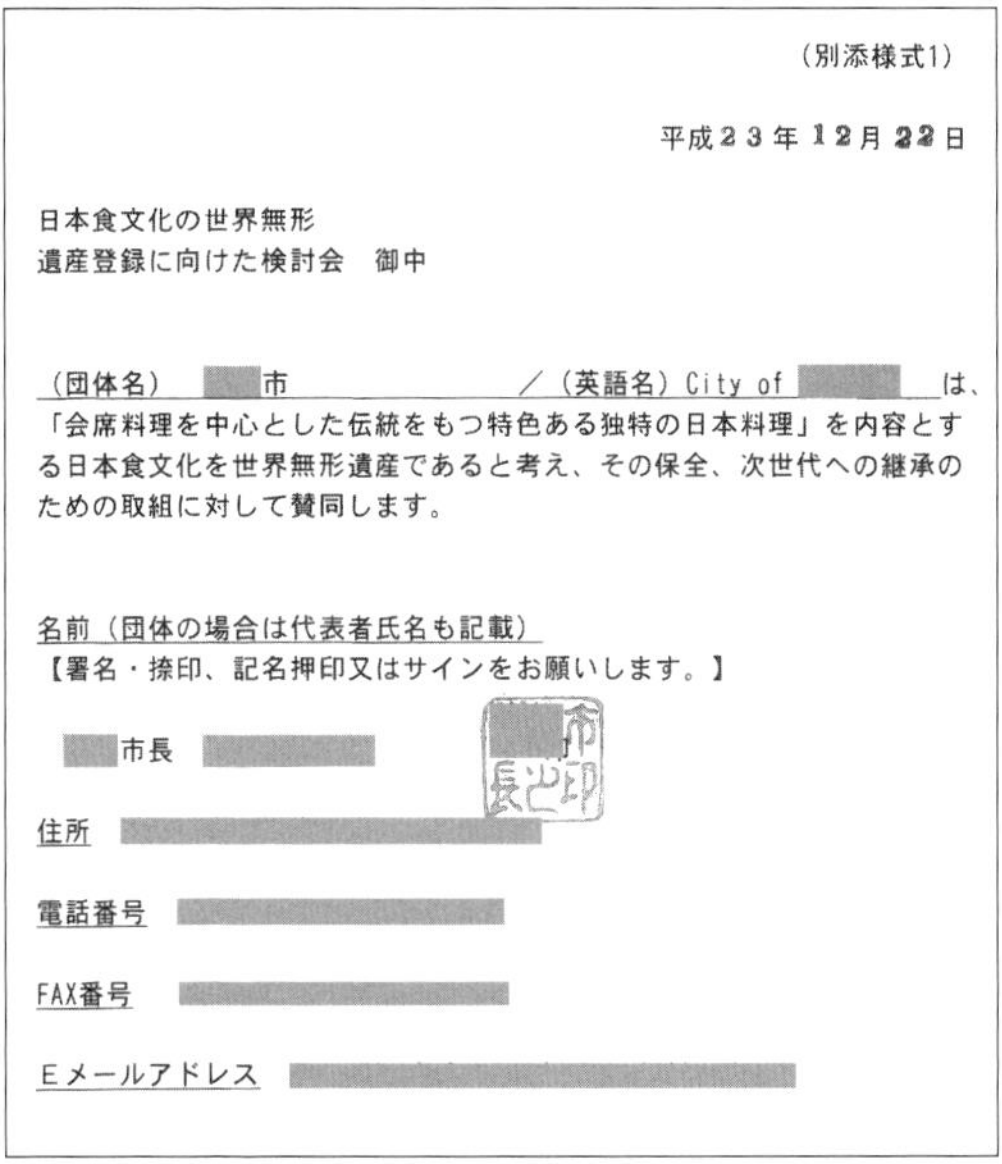
（別添様式1）

平成２３年１２月２２日

日本食文化の世界無形
遺産登録に向けた検討会　御中

（団体名）[redacted]市　／（英語名）City of [redacted] は、
「会席料理を中心とした伝統をもつ特色ある独特の日本料理」を内容とする日本食文化を世界無形遺産であると考え、その保全、次世代への継承のための取組に対して賛同します。

名前（団体の場合は代表者氏名も記載）
【署名・捺印、記名押印又はサインをお願いします。】

[redacted]市長 [redacted]

住所 [redacted]

電話番号 [redacted]

FAX番号 [redacted]

Eメールアドレス [redacted]

図4-4　同意陳述書の例(b)

出所：UNESCOウェブサイト（註44）の「Nomination file」より抜粋転載.

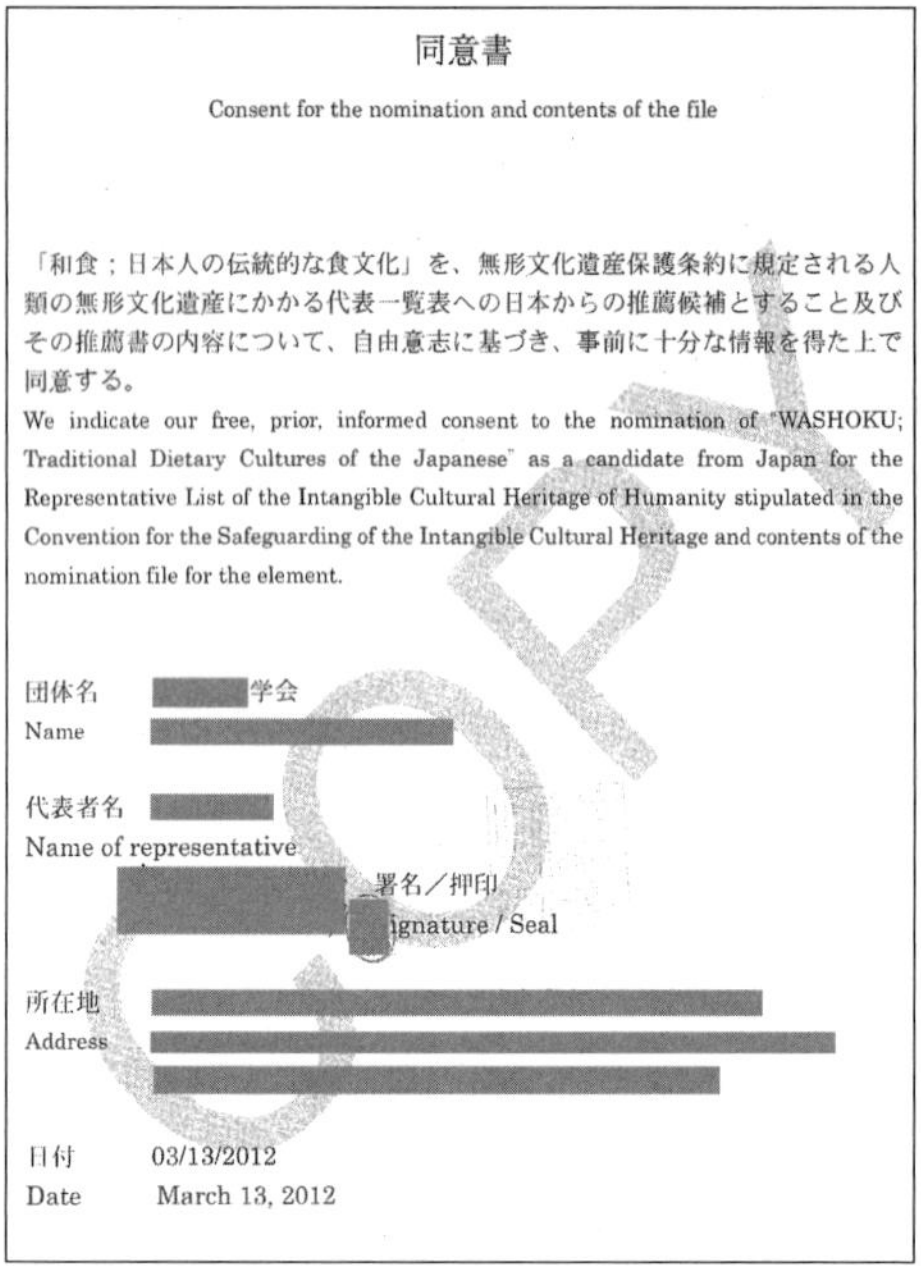
同意書

Consent for the nomination and contents of the file

「和食；日本人の伝統的な食文化」を、無形文化遺産保護条約に規定される人類の無形文化遺産にかかる代表一覧表への日本からの推薦候補とすること及びその推薦書の内容について、自由意志に基づき、事前に十分な情報を得た上で同意する。

We indicate our free, prior, informed consent to the nomination of "WASHOKU; Traditional Dietary Cultures of the Japanese" as a candidate from Japan for the Representative List of the Intangible Cultural Heritage of Humanity stipulated in the Convention for the Safeguarding of the Intangible Cultural Heritage and contents of the nomination file for the element.

団体名 [redacted]学会
Name [redacted]

代表者名 [redacted]
Name of representative

[redacted] 署名／押印
[redacted]ignature / Seal

所在地
Address [redacted]

日付 03/13/2012
Date March 13, 2012

図4-5　同意陳述書の例(c)

出所：UNESCOウェブサイト（註44）の「Nomination file」より抜粋転載.

期日前のわずか三か月の間に、なぜ変化したのだろうか。まず、日本政府が「和食」を文化遺産リストに記載してもらうためにユネスコへ提出した陳述書の中に、「会席」のものと「日本料理」のものが意図的に混入していることは考えられない。しかし、単純な誤植ということも考えられない。図4−3と図4−4を見てわかるように、陳述の内容はあらかじめフォーマットが作成され、個人や団体が氏名または名称等を記入し押印またはサインするのみの形になっている。二種類のフォームはなぜ存在しているのだろうか。

二〇一一（平成二三）年一一月四日に行われた「日本食文化の世界無形遺産登録に向けた検討会（第四回）」が、その疑問に答える手がかりとなる（＊45）。その会議の名称には「和食」ではなく、「日本食文化」という概念が用いられていることだけでも注目に値する。農林水産省のウェブサイトに公開されている会議の資料を確認すると、同年八月一九日に行われた第二回検討会において、登録内容として「会席料理を中心とした伝統を持つ特色ある独特の日本料理」が決まったことがわかる(＊46)。そして、九月二八日に開催された第三回検討会では、農林水産省から「会席料理を中心とした伝統を持つ特色ある日本料理というものを世界遺産にすることについて賛同します、というようなことを団体名等々をつけて出してくださいということを進めているところでございます。」と推薦書についての報告がなされている(＊47)。

また、第三回検討会翌日の二〇一一年九月二九日付で、農林水産省が「日本食文化の世界遺産化プロジェクトへの賛同登録について」というニュースリリースを出していたことが、農林水産省の委託の下で運営されている「フード・アクション・ニッポン推進本部事務局」のウェブサイトで確認できる(＊48)。このニュースリリースは、世界無形遺産への登録について、「最近、海外では食文化の登録も行われるようになっております。昨年一一月、フランス美食術、地中海料理(スペインなどの共同提案)、メキシコ伝統料理が登録され、韓国の宮中料理も本年一一月に登録される見通しです。」と紹介し、「このような中、日本の食文化は世界から高い評価を受けており、食材、食べ方、健康増進効果、行事との結びつきなどの特徴を備えています。世界無形遺産に相応しいものであり、早期のユネスコへの提案、登録を実現したいと考えております。」と記している。そして、「世界無形遺産登録に御賛同いただける方及び保護措置を実施されている（これからしょうとする）方には、賛同団体等としての登録をお願いしたいと思います。登録様式を用意いたしましたので、御活用いただきますと簡単に登録いただけます。」と賛同者を募り、書き込みが可能な陳述書の様式のワードファイルが同ウェブサイトからダウンロード可能な状態になっており（＊49）、書類の送付先として農林水産省大臣官房政策課の名前が明記されている。この書類の様式は図4－4とまったく同一であることから、図4－4は九月末時点で公開されたフォームを用いたものであることが確認できる。

さらに注目すべきは、このニュースリリースには、「日本食文化の世界無形遺産への登録に向けた提案について」と題した同じ九月二九日付の通知文がダウンロードファイルとして添えられていることである（＊50）。この文章は「日本食文化の世界無形遺産登録に向けた検討会一同」名義で出されたもので、「本検討会では、日本食文化を特徴付ける要素として四点を挙げ、日本料理の洗練された形として会席料理を位置づける案を検討しております。」と記し、ユネスコへの登録提案にあたっての「日本食文化の内容（案）」の名称として「会席料理を中心とした伝統をもつ特色ある独特の日本料理」を挙げ、「日本料理の洗練され、凝縮された形が会席料理である。」と述べている（図4－6）。

このように、料理屋を中心とする「会席料理」と「日本料理」をユネスコ無形文化遺産に登

【日本食文化の内容（案）】
（名称）
会席料理を中心とした伝統をもつ特色ある独特の日本料理
（日本料理の要素）
①多様な自然に基づく新鮮な食材を、自然の味そのものを生かし用いること
・四季折々の季節に応じた多様で豊富な食材
・素材の良さを引き出し、可能な限り生かす工夫
②栄養バランスの取れた食事構成であること
・米飯を中心とし、多種類のおかずと漬けもので構成される食事
・栄養バランスの良い健康的な食事
③出汁のうま味を中心に発酵調味料・漬けもの・日本酒などの多様な発酵食品が取り入れられていること
④食事が年中行事や人生儀礼などに結びついていること
・季節の節目節目に行われる様々な年中行事や人生儀礼の核
・食事の場の共有により地域コミュニティや家族・友人等を結び付ける役割
・きれいに食べるマナーや「もったいない」、「いただきます」といった自然の恵みに対する感謝の心
さらに、日本料理の洗練され、凝縮された形が会席料理である。

図4-6　2011年9月時点の「日本食文化の内容（案）」

出所：日本食文化の世界無形遺産登録に向けた検討会一同
「日本食文化の世界無形遺産への登録に向けた提案について」2011年9月29日
（http://syokuryo.jp/news-release/%C4%CC%C3%CE%CA%B8.doc）より抜粋転載.

録する提案の申請準備がそこまで進んでいたのに、なぜいきなり「和食」に変更したのだろうか。その答えの糸口は陳述資料にも手繰ることができる。

「日本料理」から「和食」への変更が書面に現れ始めたのは一一月下旬である。この時期は、バリ島で一一月二二日から二九日にかけて行われた「ユネスコ無形文化遺産保護条約第六回政府間委員会」の会期と一致する。まさにこのとき、ユネスコは前年提出された無形文化遺産一覧表記載提案について決定を下したのである。そして、このときに却下された提案の中に、韓国政府による

「李朝の宮廷料理」が含まれていた。ユネスコ委員会は、この提案は図4－1に示した五項目の基準のうち、第三項を満たしていないと判断し、最も重要な欠点は、社会に根付いていないことであるとした（＊51）。

この否定的な決断が、韓国のみならず、翌年三月に日本料理についての提案を提出しようと準備を進めていた日本にも衝撃を与えたことは、想像に難くない。韓国の「李朝の宮廷料理」と同じ理由で、日本の「会席料理を中心とした伝統をもつ特色ある独特の日本料理」が却下される可能性は高いのではないかという危機感が現実味を帯びてきたのである。先の「日本食文化の世界無形遺産登録に向けた検討会」は、すでに二〇一一年一一月四日の第四回の会合で不安を覚え始めていた。この日の会合で、一〇月二六日に発表されたユネスコに提出されている無形文化遺産一覧表記載提案に対する補助機関からの勧告が報告された。その内容は、「李朝の宮廷料理」の登録については、三つの基準について追加情報が必要であり、さらなる情報提供・情報照会が必要というものだった。つまり、決定的な結果ではないが、「李朝の宮廷料理」の登録は難しいだろうというものだった（＊52）。この報告は、会合の参加者にとっては想定外のものであったようだ。そのため、即座に「会席料理を中心とした」という提案理由でいいのだろうか、変更した方がいいのではないかと検討に入り、熊倉功夫会長が「和食（WASHOKU）」という言葉を使ってみてはどうかという提案をしている。その際、「会席料理を中心とした」

にかえて、日本の食文化の全体像を「和食」という言葉でくくって、その中にフォーマルな料理としての会席料理があると重点を置き換えることになると説いている(＊53)。

この検討会は第四回を最終回として閉会しているので、その後の経過の詳細を知ることはできない。しかし、ユネスコへの申請について、「李朝の宮廷料理」のような危機を回避するために、ユネスコの規定条件を遺漏なく満たした新しい申請理由を提出するよう、軌道修正がなされたものと考えられる。会長の熊倉氏自身も、のちのインタビューにおいて、その内幕を次のように述懐している。

韓国が「宮廷料理」を提案してきたことなどから、日本でも「日本食」を提案する動きが農林水産省などを含めて二〇一一年に始まったのです。じつのところその時は、ユネスコ無形文化遺産登録によって、日本料理を海外に広めようとか輸出を盛んにしたいといった意図もありました。ところが、韓国の宮廷料理の登録が政府間委員会の審議によって拒否されてしまいました。その理由というのは、このユネスコ条約の本来の意図は〝危機に瀕している文化〟を保護することにある。したがって、宮廷料理のような特定階層向けの高級食は、その目的に沿わないというのです。(略)消えつつある日本の食文化に、私たち日本人としてどのように対処すべきかという観点から、それらの提案名称を「和食」とす

ることで、無形文化遺産として提案することになったのです。（＊54）

また、一一月に行われた第四回検討会の時点で、ユネスコ提出まで数か月あまりしか時間がないなかで、「日本食文化を、世界無形遺産に。」と銘打ち、賛同者を募った農林水産省の「日本食文化の世界遺産化プロジェクト」のパンフレットやポスターが完成していたことも確認できる（図4－7）（＊55）。このように、日本ブランド化の柱の一つとして五年前から食に取り組んできた政府機関の知的財産戦略本部にとって、日本の食が「ユネスコの無形文化遺産」へ登録認可されること自体が目的であり、その達成こそが最優先事項だったと推察されよう。

このことは、一六〇六件の賛同陳述書面の不思議な事実と、「日本食文化の世界無形遺産登

図4-7　農林水産省パンフレット「日本食文化の世界遺産化プロジェクト」

出所：農林水産省ウェブサイト（http://www.maff.go.jp/j/keikaku/syokubunka/meeting/4/pdf/4than01-02_bira2.pdf）.

録に向けた検討会」の資料のみならず、文化庁の資料からも読み取ることができる。例えば、前述の二〇一二（平成二四）年三月九日付で文化庁から報道発表された「『和食；日本人の伝統的な食文化』の無形文化遺産代表一覧表への提案について」（＊56）の資料の中には、二〇一一（平成二三）年一二月二四日に閣議決定された「日本再生の基本戦略」における「我が国が誇るべき食文化について、理解の促進とその魅力向上を図り、日本文化の発信につなげるため、ユネスコ無形文化遺産への登録を推進する。」との提示が含まれている（＊57）。

「和食」をユネスコ申請の主役にすると土壇場で決定されたことのもう一つのヒントを、ユネスコのウェブサイトから読み取ることができる。それは、ユネスコ提案に先立って、締約国の無形遺産として認められるべき案件を証明する資料である（＊58）。これは、前述したユネスコ無形文化遺産に登録されるのに満たさなければならない五つの条件の中の一つである。その資料によると、「WASHOKU; Traditional Dietary Cultures of the Japanese」が、二〇一二年二月一七日に「based on the decision of the Council for Cultural Affairs of the Government（文化庁の決定に基づいて）」日本の無形文化遺産として定められたとされている。日本の文化財保護法は、一九五〇（昭和二五）年に導入され、世界的にみて先駆的である。とくに無形文化財の面で日本の法律が優れており、指定・選択・選定・認定・登録といったあらゆる形で無形文化遺産の保護が行われている（＊59）。しかしながら、ユネスコへの提案のわずか一か月前の二〇一二年二月一七日に「和食」を日本の無形文化遺産として定めたとする決定については、著者らは現在までに記録の痕跡を何一つとして見つけることができなかった。その日に行われた文化審議会の文化財分科会に関する文化庁の報道発表は以下のものである。

ユネスコ無形文化遺産保護条約の「人類の無形文化遺産の代表的な一覧表（以下、「代表一覧表」）」への提案については、本日開催された文化審議会文化財分科会（会長：佐々木丞平・（独）国立文化財機構理事長）において、「和食：日本人の伝統的な食文化」を提案候補とすることを決定しました。今後は、無形文化遺産保護条約関係省庁連絡会議（構成：外務省、文化庁、農林水産省）の審議を経た上で、ユネスコへ提出されることになります。（＊60）

そして、ユネスコへ提出され、無形文化遺産に登録されたのである。その提案書の和訳が、農林水産省ウェブサイト「『和食』がユネスコ無形文化遺産に登録されました！」の参考資料として公開されている（＊61）。それによれば、国内の無形文化遺産の認定について、国が設置する文化審議会および「無形文化遺産保護条約に関する特別委員会」が審議した結果、次の二点について同意したと記している。一つは「文化財保護法による指定又は選定に基づかない『新たな分野』を創設すること」、もう一つは「当該要素（和食）を『新たな分野』に属する無形文化遺産として掲載すること」である。そして、「これらの審議を経て、当該要素は目録に掲載された。目録はこの申請文書に添付されている。文化庁は当該目録の維持に責任を持っている。目録は文化庁により定期的に更新されている。」と明記している（図4－8）。

ところが、文化庁が管理している「国指定文化財等データベース」には、いまだに「和食」の影も形も著者らは見ることができないでいる(*62)。ユネスコ無形文化遺産として登録されている「和食：日本人の食文化」は、日本の文化財保護法の上で無形文化遺産として認定されているのであろうか。和食文化国民会議会長の熊倉功夫氏によれば、和食は国内の重要無形文化財の指定を受けていないので、ユネスコに提案した際は、文化財保護法の対象外の新しい分野として委員会の承認を得たという経緯があったという。そして今後の課題として、国内法で保護継承の対象すなわち重要無形文化財の指定を受ける手続きをとる必要があるとしている(*63)。すなわち、二〇一六年五月現在では、「和食」は日本の文化財保護法上での無形文化遺産としては認定されていないのである。

さて、二〇一一（平成二三）年の一一月末から「日本料理」にかわって「和食」に重心を移した新しいユネスコ申請に向けた書類の作成が始まったと推定できるが、その決定には、前述の「WASHOKU－Try Japan's Good Food 事業」が無関係だったとは思えない。二〇〇六（平成一八）年の秋から二〇一一年春まで続いた事業（表4－2参照）には、「和食」がすでにブラン

5　当該要素の目録への掲載

基準R．５にしたがって、締約国は「当該要素は条約第１１条及び１２条で定義されているような提案国の領域内に存在する無形文化遺産の目録に含まれている。」ことを示さなければならない。

当該要素が含まれる目録、目録の維持に責任を持つ組織・機関を特定しなければならない。目録が条約、特に条約第１１条ｂ（認定に際しての社会、集団及び関連するＮＧＯの参画）、第１２条（目録の定期的な更新）に対して整合性を持って作成されていることを示すこと。

当該要素の登録に先立ち、目録への掲載が完了していることが要求されるわけではない。むしろ、提案国は一又はそれ以上の目録の整備や更新を行っている途中かもしれないが、登録された当該要素は改訂中の目録に含めておく必要がある。

当該要素の目録への掲載を示す文書を添付するか、又は目録が掲載されているウェブサイトを示すこと（２００語以内）。

当該要素は、３.ａ 及び３．ｂに記載したとおり、要素は政府の無形文化遺産目録に掲載され、条約第１１条(a)で定める保護措置が国、地域、団体及び個人によりとられている。

国は４.ａ 及び４.ｂ に記載したとおり、条約第１１条(b)で定める社会、集団及び個人の参画を得て当該要素を特定し、無形文化遺産として認定した。当該要素を認定するに当たっては、国が設置する文化審議会及び「無形文化遺産保護条約に関する特別委員会」において審議を行った。

文化審議会及び特別委員会は、第１２条に定める目録に掲載するに当たっては、(a)文化財保護法による指定又は選定に基づかない「新たな分野」を創設すること、(b)当該要素を「新たな分野」に属する無形文化遺産として掲載すること、の２点について同意した。

これらの審議を経て、当該要素は目録に掲載された。目録はこの申請文書に添付されている。文化庁は当該目録の維持に責任を持っている。目録は文化庁により定期的に更新されている。

**図4-8　ユネスコへ提出された提案書における
国内の無形文化遺産目録への掲載に関する記述（農林水産省作成仮訳）**

＊資料中の無形文化遺産の保護に関する条約の条文については，
外務省「無形文化遺産の保護に関する条約（略称無形文化遺産保護条約）」
（http://www.mofa.go.jp/mofaj/gaiko/treaty/treaty159_5.html）を参照されたい．
出所：農林水産省「無形文化遺産の代表的な一覧表への記載についての提案書（仮訳）」（http://www.maff.go.jp/j/keikaku/syokubunka/ich/pdf/nf_wayakun.pdf）より抜粋転載．

ドネームとして使われていた。そのため、農林水産省においてユネスコへの申請にも適切であると考えられたのであろう。

その申請は、社会への浸透という点に配慮して、入念に構成された点が目立っている。ユネスコに提出された写真を例に、そのことがとくに著しい(＊64)。一〇枚の提出画像のうち、食べ物のみで構成されている画面は三枚だけである。しかも、料理を撮ったものは一汁三菜のアップが一枚だけで、あとの二枚は漁港に並ぶトロ箱と市場風の商店街の八百屋の店先である。まるで、素材を料理するには、人間の多くの行動が不可欠だと意図的に強調して伝える演出をしているように見える。さらに写真を注意深く見ると、明らかにプロの写真家の手による洗練された質のものではなく、あたかも保存を要する地域社会の生活を記録した民俗誌のスナップ写真のような印象を与えている。残りの七枚についても特筆すべき特徴は、人間の団欒風景が画面の中心に据えられていることである。一枚は、男性たちが鍋を囲んでの酒宴の一コマである。二枚は、家庭でのハレ(正月)とケ(日常)の食卓風景で、正月祝いは仏間に座し、日常はダイニングキッチンに椅子掛けという写真である。そして残りの四枚は、小学校以下の子どもを主役にしたものである。小学生の学校給食、小学生の餅つき体験、幼稚園もしくは保育所でのプロの料理人の出前授業、学齢以下の小さな子どもと保護者の料理作りの集いである。これらの写真を通して受ける印象は、料理そのものというより、コミュニティの形成や維持を支える食物の役割などが強いように見受けられる。一〇枚の提出写真のセレクトは、社会に浸透していないという理由で韓国の宮廷料理が却下されたような轍を踏まないために、和食提案の仕掛け人たちが細心の注意を払って取り組んだものであろう。

もしもこのとき、日本政府が当初の予定どおりに「会席料理を中心とした伝統をもつ特色ある独特の日本料理」を申請していたならば、ユネスコに認められたかどうかは計りかねる。ともあれ、「日本料理」のかわりに「和食」を申請するという現実的な方法は、確実な成果として結実した。しかしその一方で、この戦略のために史実のニュアンスがかなり変えられたのも事実である。このことは、今後おそらく日本の食の歴史についての一般的な認識に多大な影響を及ぼすことになると危惧される。

例えば、第一章で示したように、「和食」は「日本料理」と互換性を持って使われてきた用語である。和英辞典で現れる唯一の違いは、「和食」の方は「日本における食事」を指し、一方、「日本料理」の方は「単数あるいは複数の日本の料理」を指すことであった。双方とも英語では、「Japanese food」「Japanese cuisine」あるいは「Japanese cooking」という表記になる。日本の辞書の一部は、ニュアンスの違いに注目し、「日本料理」は高価な飲食店の料理、「和食」は一般的な人々が基本的に家で料理して食べる日常食としている。この違いは、通常の用語の使用においてはさほど明確ではないし、文化庁の書類にも「和食」と「日本食」が混在されている。例えば、和食のユネスコ文化遺産への登録の提案が決定されたことに関する報道発表において、四つの提案理由の第一には、以下のとおり、和食と日本食が併記されてある。

和食（日本食文化）は、四季や地理的な多様性による「新鮮で多様な食材の使用」、「自然の美しさを表した盛りつけ」などといった特色を有しており、日本人が基礎としている「自然の尊重」という精神に則り、正月や田植え、収穫祭のような年中行事と密接に関係し、家族や地域コミュニティのメンバーとの結びつきを強めるという社会的慣習であり、条約に定める「無形文化遺産」として提案することが適切であると認められ（略）広く国民の支持を得ている。（＊65）

（「日本食文化の世界無形文化遺産登録に向けた検討会」アンケート調査結果、傍点引用者）

しかし、ユネスコ提案書には「一般的な人々が基本的に家で料理して食べる日常食」という点が強調され続けている。それは先に述べた提出写真の場合に明らかであったように、和食の定義にもまた強く表れるのである。ユネスコへ提出される書類はすべて英語かフランス語で書かれている。英語バージョンに入っている和食の定義は、「日本の食べ物」「日本の食事」を意味する普通名詞「和食」を驚くほど空想的に解釈している。

WASHOKU is social practice based on a comprehensive set of skills, knowledge, practice and traditions related to the production, processing, preparation and consumption of food. It is associated with an essential spirit of respect for nature closely related to the sustainable use of natural resources.（＊66）

和訳すると、「和食は食の生産から加工、準備および消費にいたるまでの技能や知識、実践や伝統に係る包括的な社会的慣習である。これは、資源の持続的な利用と密接に関係している自然の尊重という基本的な精神にちなんでいる」となる。

元の日本語のテキストはより詩的な雰囲気を与えている。

和食は、日本人が基礎としている「自然の尊重」という精神に則り、人と自然との融合のもとに食事を摂ることにより家族やコミュニティのメンバーとの結びつきを強めるという社会的慣習である。それはまた、この精神に則って食材の自然な味を最大限生かして調理したり自然の美しさを表現したりするための自然及び万物と密接に関連した知識や慣習でもある。（＊67）

このように、ユネスコの申請書のために新しく作成された「和食」の定義は、唯一の問題ではない。「和食」の無形文化遺産登録とそれに続く市場活動は、普通名詞を固有名詞に変貌させ、「和食」は日本の料理のブランドネームになりつつある。この過程で見過ごせない重大な問題は史実の改変である。第二章および第三章で紹介した和食の特徴として挙げられた四つの特性は、事実の描写というより、郷愁に満ちた神話にすぎない。「和食」の四つの特性のうち初めの三つは、一九五〇年代半ば以前の日本では見られないものである。それらは、戦後の経済成長を背景に日本人の生活水準が向上し、人々が白いご飯とおかずの豊富な食事を日常的に食べる贅沢を享受できるようになってからのことである。さらに、ユネスコ申請をきっかけに行われた食に関するプロパガンダの影響で、「和食」の四つの特性は次第に内在化し、規範としての効果を持ち始めている。

二〇一一(平成二三)年秋に始まった「和食」の市場キャンペーンは、文化庁と農林水産省の目で見れば多大な成果を生んだ。ユネスコ無形文化遺産登録のおかげで、日本の食文化に対する注目が、国内でも海外でも大いに高まった。加えて、コミュニティ内で食される家庭料理の範疇にとどまらず、ユネスコ申請の際の説明とは逆に、「和食」というブランドはレストランの高価な料理にまで、その内容を広げ続けている。例えば、ユネスコによる登録承認発表のわずか四日後の二〇一三（平成二五）年一二月八日に、日本国籍を持たないシェフのための日本食コンテスト「和食ワールドチャレンジ」が開かれた。二〇一五（平成二七）年に、このイベントは東京から古都・京都に場を移し、「和食道」と名称を改めた。ここで注目すべきことは、「和食道」という「和食」に「道」を付した名称で、まるで茶道や華道、書道のように、何世紀にもわたって行われている伝統文化と見紛うイメージの名称である。

この例を見ると、二〇一一年一一月四日の検討会にタイムスリップした感じがする。同検討会において資料として使われた「『日本料理（Japanese culinary art and culture）』の世界無形文化遺産登録に向けた提案書」に入っている提案は、「和食道」にぴったりと当てはまる。京都の日本料理アカデミーで作成されたもので、京都を日本料理の中心地として定める大望を発言したのみならず、その目的を達成する具体的なプランも含まれている。その中で、「京都市カリキュラム食育事業」「日本料理フェローシップ事業」や海外への講師派遣、日本版「ル・コルドン・ブルー」「ＣＩＡ（Culinary Institute of America）」を設置すること、そして「日本料理コンペティション」などがある（＊68）。

同様な動きは活発になり、その露出も賑わいをみせている。例えば、日本政府観光局（ＪＮＴＯ）が毎月インターネット上で発表している『Japan Monthly Web Magazine』には、和食がユネスコ無形文化遺産となった翌月に「World Heritage – The World of Washoku」（世界遺産――

和食の世界）という記事が掲載された。この記事の始まりは、「四〇〇年の歴史のある会席料理」というテーマからである(＊69)。これも、ユネスコ提案書において強調されている「日本の一般的な人々が基本的に家庭で料理して食べる日常食」とは隔たりを覚えるものである。

いずれにせよ、和食はブランドとしての確固たる地位を得たのには違いない。二〇一四年一一月に発表された「国家ブランドの構築に向けた提言――ジャパン・ブランドを強化し世界とともに成長する」という資料は、日本の食文化を「勝ち馬」と称し、「ジャパン・ブランドの最も重要な担い手の一つ」としてみている(＊70)。日本ブランドだけでなく、無形文化遺産をアピールした「和食」というブランドネームは、政府機関、協会、学校、さらに食品加工業、レストランまで、多様な組織に使われて効果をあげている。

日本人の中には、国民の血税は別のことに使うべきだと言う人もいるかもしれないが、大半は「日本の食」が世界で優位なものとして注目されていることを誇りに思っており、伝統的な食文化を保存し健康的な食習慣を通して国民の健康を改善するという政府の努力を認めている。省庁の懇切なガイダンスのもとで行われているさまざまな活動によって、本来は特定の地域にとどまっていた個性的な郷土食なども現在では全国いたるところにある(＊71)。

同時に、和食熱に席巻されている日本では、日本食文化の歴史がブランド化手段として利用されているなか、その捩じ曲げた解釈に対して、若干なりとも修正をしようという動きはまだ出ていない。無形文化遺産登録への提案から密接にかかわってきた食物史の研究者たちは、この提案のために努力を惜しまず支持してきただけに、すでに定着した和食伝説の疑義を糺《ただ》そうとはしたがらない。日本のメディアも、和食をめぐる物語から、史実の軌跡を消し去り、丹念に組み立てられた神話に置き換えようとする傾向が強くなってきている。

終章

社会的現象としての「和食」

今からおよそ一〇〇年前の一九二二（大正一一）年九月二日付の読売新聞には、「加藤首相と肝胆《かんたん》相照らす　大橋博文館翁の節約振り　骨董買ふべからず＝和食和服廃止　首相の招待宴で大見得の節約演説　斯くてこそ閣議でさへ三鞭酒ぬき」という見出しの記事が載っている。就任間もない首相の加藤友三郎（一八六一―一九二三年）が、秘書官を通じて各大臣に「宴席シャンパン廃止、洋食二品主義、日本料理宴会はなるべくやらぬ事」という申し合わせを下したことを報じるものである（*1）。この申し合わせが発せられた経緯は、当時の大手出版社の博文館の社主であり、関連事業を展開していた実業界の有力者である大橋新太郎（一八六三―一九四四年）を含む実業視察団が首相官邸に招宴された際、その席上で年長者の大橋氏が謝辞を述べる中で、「御馳走が贅沢すぎる」と消費節約の希望を言ったことにはじまる。大橋氏は実業視察団に参加して、一九二一年末から一九二二年夏まで約半年かけてアメリカからヨーロッパ一帯を視察旅行するなかで、欧州諸国に比べて日本は贅沢だから和食和服を廃止して節約勤倹をすべきだと考えるようになり、帰国後はその宣伝を熱心に行っていたので、首相官邸での宴席でも自分の考えを述べたという。

この記事で、「和食」という用語が「日本料理宴会」という意味で使われていることは、本書の中で指摘してきた普通名詞から固有名詞への変遷にもつながるものである。しかし、ここで着目すべき点は別にある。それは日本の近代史において、政府が国民の食生活に強く介入していることである。第三章で述べたとおり、飲食店が戦時下で統制されたのはその典型的な例であるが、その傾向はすでに近代化の幕開き間もない明治時代に始まっていた。明治維新の翌年に大蔵省による牛馬会社の設立、その次の年に発表される福沢諭吉の「肉食之説」、明治天皇が肉を食べたという一八七二（明治五）年のお知らせなど、これらはみな明治新政府の政策の根幹と関わっている。この明治新政府が推し進めた肉食奨励の背景には、いくつかの理由があるが、次の三つが最も有力である。それらは、日本の文明開化を世界に見せることによって日本は先進国であると証明すること、新しい政治的エリートを西洋と結びつけることによって彼らの位置を強化すること、新政策の第一目的となった「富国強兵」を達するために健全な徴兵が必要であったことである（＊2）。

つまり、人々の日常の食生活を左右する背景には、食そのものからは容易には想像もつかない政治的な作意が潜んでおり、本書において指摘してきたように、これは「和食」の場合でも同様である。高度経済成長がもたらした生活水準の向上や冷蔵庫などの家電製品の普及によって、栄養バランスの悪い質素な食事内容が質量ともに豊かな一汁三菜へと変化した。食材の種類が増え、料理のバリエーションも急速に広がった。そして、第二次世界大戦後の粉食の奨励や学校給食のパン食実施、外資系外食産業の日本進出などは、全国民の日常的な食事を大いに変えた。このような動きは、日本の食文化の伝統を壊した要因とみなされ、「食育」と「和食」を中心とする日本政府によるあらゆる啓蒙活動が行われている。それらの動きの背景には、日本の食料自給率の低下という問題があり、また、日本のブランド化政策が働いている。明治時代の肉食奨励や西洋料理礼賛を発端に、近代になってから政府が積極的に国民の食生活に関わる傾向が始まったといえよう。だが、明治新政府による肉食の奨励と、「和食熱」ともいえる現在の動きの大きな違いは、後者の自信に満ちた姿勢である。

例えば、序章に述べたように、和食がユネスコの無形文化遺産に登録されて以降、和食に関連する出版物が多数刊行された。これらの本には共通して和食熱の雰囲気が満ちあふれている。いくつかを見てみよう。

まず、和食のユネスコへの登録キャンペーンが活発化してきた二〇一一年一一月に刊行された小泉武夫氏の『すごい和食』は、積極的な和食礼賛ともいえる内容が感じ取れる。小泉氏は発酵学と食文化論を専攻とする大学教授で、氏がこの著で述べていることによると、食の世界遺産化を日本で最初に提案した人物であり、農林水産省の「日本食文化の世界無形文化遺産登録に向けた検討委員会」のメンバーでもあるという。この書は、小泉氏の故郷東北の地震災害からの復興への応援コラム「東北うまいもの・一口紀行」という東北地方の郷土食の紹介を各章末に据えながら、第一章「和食はこんなにすばらしい!」、第二章「和食がもつ魔法の力」をはじめ全六章で構成されている。この中で氏がとくに強調しているのは、和食が栄養面において万能の力をもっていることと、先人たちの素晴らしい知識が込められた貴重な文化そのものであることである(＊3)。

また、二〇一二年一二月に刊行された永山久夫氏(食文化史研究家)の『なぜ和食は世界一なのか』では、ユネスコへの申請中に和食の登録決定の報を楽しみにしながら、和食の素晴らしさを説き、魅力あふれる和食が語られている。氏の言葉を借りれば、「和食は世界で一番、体にも心にもやさしい天然美食である」、「和食は心をおおらかにして健康を向上させるパワーがある」という。美肌効果やアンチエイジングのみならず、脳の老化防止の効果など、和食の構造の素晴らしさを述べ、まさに「和食を食べることが、長寿時代、生涯現役時代、超情報化時代の理想食」であると賛美の言葉が並んでいる(＊4)。

そして、いよいよユネスコへの登録の見通しが確実になった二〇一三年一二月に刊行された辻芳樹氏(調理師専門学校校長)の『和食の知られざる世界』は、氏の経験と現在の取り組みを踏まえて「世界の中の和食」について述べている。この中で、和食が世界で広がりを見せている理由として、日本の内側からではなく日本の外側、つまり世界からの視点を三つ挙げている。

それは、「異文化の人々の日本に対する憧れ」、「『低カロリーでヘルシー』という和食の持つ効能を評価」、「長い歴史を持つ日本という文化への畏怖の念」であるという。そして、教育者として将来的にも和食を広い視野でとらえ、世界に発信し、世界で活躍できる若者を育成することを示し、継続的な食文化の継承と発展の責務の必要性を説いている(*5)。

これらをはじめとする「和食」を語る著作は、和食の素晴らしさを説き、そこでは世界に誇るべき伝統的な食文化として和食が語られている。そして、和食に関する出版物の急増の背景には、「和食」というブランドネームを冠する本ならよく売れるという商業上の戦略がある。これは、出版業界のみならず、レストランをはじめとする食産業などでも同様で、ブランド化政策にとって実に力強い追い風現象である。しかし、そこには大きな問題がある。ブランドとしての「Washoku/和食」という固有名詞がこの一〇年あまりの間に普及し、一〇〇年前から使われていた普通名詞(一般的・記述的・歴史的概念)としての「日本(人)の食事」という意味の「和食」と混用されるようになった。そのため、歴史上の真実とブランド化のために創出された神話との識別がいっそう難しくなっている。ユネスコ登録のために日本政府が掲げた五つの特徴は、その典型的な例であろう。バランスがよく、健康的で、多様で新鮮な食材と素材の味わい、そして自然の美しさの表現が活用される伝統的な食文化は実在したのだろうか。それとも、虚構なのだろうか。

「和食」という言葉が出現して一五〇年の歳月を経るなかで、日本の食文化は非常に大きな変化を遂げ、現在プロモートされている「伝統的な食文化」である「和食」も一五〇年前のものと同じではない。日本人の習慣や嗜好の変化、そして食べ物の生産・加工・流通などの技術革新の影響によって、日々の食事が大きく変わってきた。過去に戻ることは不可能であるだけでなく、それを望む人もほとんどいない。栄養面のみならず食材の多様性の面でも、現在の和食は一〇〇年前の和食より選択の幅が広がっている。素材の鮮度や衛生観念はもとより、料理の美的な面からみても、専門家の料理人が現在作っている和食は、一五〇年前の技術や料理哲学を伝承したものだとしても、まったく同じものではなく遠い親戚である。

本書は和食の神話から離れて、和食を歴史的な現象としてとらえようとすることに努めた。その結果、「和食」という概念が日常的になじむのに二〇世紀の半ばまでかかったことを明らかにした。そして、ご飯を中心とする一汁三菜の食事が、全国民の間に広まるのは昭和三〇年代からである。それと同時に、洋食をはじめ海外からの輸入食材や食トレンドの受容は止まることなく続いており、和食のブランド化が始まる時点で、昔ながらの「和食」が日常生活の場から姿を消し始めていたのである。ユネスコの無形文化遺産として保護的地位に置かれている今日の「和食」は、歴史的な状況に翻弄されながら形成された社会的な現象であろう。その神話的な存在を復活させようとする活動そのものも、日本の社会的変遷を反映している貴重な史料である。

　近年の和食熱さめやらぬ現象は、問題を孕みながらも、これらを契機として和食の真実に迫ろうとする関心の芽がいくばくかでも育てば、真の日本食文化の保護に寄与するであろう。本書がその第一歩を踏み出す縁となることを願っている。

註

＊本註で示したインターネット資料は、
https://www.cwiertka.com/publications/washoku-web-references/
に保存してまとめてある。

序章

（1）和食文化国民会議ウェブサイト（http://washokujapan.jp）。および、農林水産省ウェブサイト「食文化」（http://www.maff.go.jp/j/keikaku/syokubunka/）［いずれも二〇一五年七月一六日最終閲覧］。

（2）「一一月二四日は『和食』の日！『和食』月間の一一月は、さまざまなイベントを開催 〜ユネスコ無形文化遺産に登録された『和食』を次世代へ伝えよう〜」@press ニュース、二〇一四年一〇月一四日（https://www.atpress.ne.jp/news/52219/）［二〇一五年七月一六日最終閲覧］。

（3）ここに示した冊数は国立国会図書館の蔵書検索の結果による。実際には、私家版や各種団体のPR用の冊子など、国立国会図書館に納本していないものもあるので、冊数はさらに多くなる。国立国会図書館の蔵書の内訳は、ユネスコ登録の翌年の二〇一四年には五六冊、二〇一五年六月末までには四〇冊を数える。例えば、料理自体とは関係が薄いものでは、永山久夫『和食ことわざ事典』（東京堂出版（東京）、二〇一四年）や『和食の風景——無形文化遺産に登録された〝和食〟の伝統』（アントレックス、二〇一四年）などがある。和食の歴史を取り上げた書籍には、原田信男『和食とはなにか——旨みの文化をさぐる』（KADOKAWA（東京）、二〇一四年）などがある。和食の意味を問うものには、原田信男編『江戸の食文化——和食の発展とその背景』（小学館（東京）、二〇一四年）や阿古真理『「和食」って何？』（筑摩書房（東京）、二〇一五年）などがある。

（4）例えば次に示すものなどである。岩村暢子「家庭の和食——今そこにある危機」（nippon.com ウェブサイト、二〇一四年二月七日（http://www.nippon.com/ja/currents/d00110/）［二〇一五年七月一六日最終閲覧］）、阿部孤柳『日本料理の真髄』（講談社（東京）、二〇〇六年、三―五頁）、安本教傳「食生活環境論にかえて」（安本教傳編『講座　人間と環境　第六巻　食の倫理を問う――からだと環境の調和』昭和堂（京都）、二〇〇〇年、一六―二三頁）、安本教傳「『食』の倫理のために」（同前、二八〇―三〇四頁）、山路健『現代食文明考――飽食の運命』（文化評論社（東京）、一九八二年）、「昭和四〇年代の食卓」（『きょうの料理が伝えてきた昭和のおかず』別冊NHKきょうの料理、日本放送出版協会、二〇〇三年、七頁）。

（5）例えば次の文献などがある。原田信男『日本人はなにを食べてきたか』角川学芸出版（東京）、二〇一〇年。吉田元『日本の食と酒』講談社（東京）、二〇一四年。

（6）カタジーナ・チフィエルトカ「近代日本の食文化における『西洋』の受容」、芳賀登・石川寛子監修『全集　日本の食文化　第八巻　異文化との接触と受容』雄山閣出版（東京）、一九九七年、一六三―一八〇頁。

（7）原田信男『日本人はなにを食べてきたか』角川学芸出版（東京）、二〇一〇年、二二四頁。

（8）安原美帆「昭和戦前期における食事の内容にみとめられた外来野菜普及の背景」、『会誌　食文化研究』第一号、二〇〇五年、四一頁。

（9）熊倉功夫「日本料理屋序説」、高田公理編『料理屋のコスモロジー』ドメス出版（東京）、二〇〇四年、二二―二三頁。

（10）柳田国男『明治大正史　世相篇　新装版』講談社（東京）、一九九三年、九六頁。および、原田信男『江戸の食生活』岩波書店、二〇〇九年、二三頁。

（11）原田信男『江戸の食生活』三―四頁および一二頁、一四頁、三二頁、三四頁、四〇頁。

（12）岡本良一監修、朝日新聞阪神支局執筆『花の下影――幕末浪花のくいだおれ』清文堂出版（大阪）、一九八六年、九頁。
(13) 熊倉功夫「日本の伝統的食文化としての和食」、熊倉功夫編『和食——日本人の伝統的な食文化』農林水産省、二〇一二年、五頁(農林水産省ウェブサイト「和食文化の保護・継承」(http://www.maff.go.jp/j/keikaku/syokubunka/culture/pdf/all.pdf)[二〇一五年二月三日最終閲覧])。および、熊倉功夫「日本の伝統的食文化としての和食の行方」、『日本の食の近未来』思文閣出版(京都)、二〇一三年、一〇頁。
(14) 産業競争力会議「米に関する資料」第三回農業分科会配布資料、二〇一三年一〇月二四日、首相官邸ウェブサイト(https://www.kantei.go.jp/jp/singi/keizaisaisei/bunka/dai3/siryou1_1.pdf)[二〇一六年一月一一日最終閲覧]。および、矢野恒太記念会編『数字でみる日本の一〇〇年 改訂第四版』国勢社(東京)、二〇〇〇年、二一八頁。
(15) 岩崎正弥「悲しみの米食共同体」、池上甲一ほか『食の共同体——動員から連帯へ』ナカニシヤ出版(京都)、二〇〇八年、三二頁。
(16) 原田信男『日本人はなにを食べてきたか』二三四頁。
(17) 大豆生田稔『お米と食の近代史』吉川弘文館(東京)、二〇〇七年、三頁。

第一章

(1) ここでは以下の四種類の国語辞典を用いた。梅棹忠夫・金田一春彦・阪倉篤義・日野原重明監修『講談社カラー版 日本語大辞典 第二版』(講談社(東京)、一九九五年)、松村明監修『大辞泉』(小学館(東京)、一九九五年)、松村明・三省堂編修所編『大辞林 第三版』(三省堂(東京)、二〇〇六年)、新村出編『広辞苑 第六版』(岩波書店(東京)、二〇〇八年)。
(2) 「日本料理」については、それぞれ次のように説明されている。『講談社カラー版 日本語大辞典 第二版』では、「日本の伝統料理のこと。良質の水に恵まれ、四季の魚介類・野菜が豊富なので季節感のある献立が組める。器・盛り付けを工夫し、包丁捌きを重視。」（一六四三頁）。『大辞泉』では、「日本の風土で独自に発達した料理。季節感を重んじ、新鮮な魚介や野菜を用い、刺身や煮物・焼き物・汁物・寄せ物などに材料の持ち味を生かして調理し、強い香辛料をあまり使わない。器の種類や盛り付けにも工夫を凝らし、見た目の美しさを尊重する。和食。」（二〇二八頁）。『大辞林　第三版』では、「日本で発達した伝統的な料理の総称。魚介・野菜・乾物などを、醤油・砂糖・酢などで調味した淡白なものが多い。」（一九三四頁）。『広辞苑　第六版』では、「日本で発達した伝統的な料理。材料の持ち味を生かし、季節感や盛付けの美しさを重んずるのが特色。」（二一四四頁）。

（3）熊倉功夫『日本の食の近未来』思文閣出版（京都）、二〇一三年、一〇頁。熊倉功夫「日本の伝統的食文化としての和食」、熊倉功夫編『和食——日本人の伝統的な食文化』農林水産省、二〇一二年、三頁（農林水産省ウェブサイト「和食文化の保護・継承」（http://www.maff.go.jp/j/keikaku/syokubunka/culture/pdf/all.pdf）［二〇一五年二月三日最終閲覧］）。

（4）『類語大辞典』には、「和食は、米飯と汁、魚や野菜などを、醤油・味噌・塩などを使って調理した日本風の料理。」、「日本料理は、日本の（高級な）料理。ふつう家庭料理などは指さず、料理屋などの高級料理を指す。」と示されている（柴田武・山田進編『類語大辞典』講談社、二〇〇二年、一〇四二頁）。

（5）秋場龍一『天皇家の食卓——和食が育てた日本人の心』角川書店（東京）、二〇〇〇年、六二頁。

（6）カタジーナ・チフィエルトカ「近代日本の食文化における『西洋』の受容」、芳賀登・石川寛子監修『全集　日本の食文化　第八巻　異文化との接触と受容』雄山閣出版（東京）、一九九七年、一六三—一八〇頁。熊倉功夫『日本の食の近未来』一〇頁。原田信男『和食とはなにか——旨みの文化をさぐる』ＫＡＤＯＫＡＷＡ（東京）、二〇一四年、一一—一二頁。

(7) 熊倉功夫『日本の食の近未来』一〇頁。
(8) 山田美妙編『日本大辞書』日本大辞書発行所(東京)、一八九三年(一九七九年覆刻版、名著普及会)。
(9) 齋藤精輔編集代表『日本百科大辞典 全一〇巻』日本百科大辞典完成会(東京)、一九一六—一九一九年。
(10) 松井簡治・上田萬年著作『修訂大日本国語辞典 全五巻』冨山房(東京)、一九三九—一九四一年。
(11) 松井簡治・上田萬年著作『修訂大日本国語辞典 第三巻』冨山房(東京)、一九四〇年、五三八頁。
(12) 上田萬年・松井簡治著作『修訂大日本国語辞典 新装版』冨山房(東京)、一九七〇年。
(13) 金沢庄三郎編『広辞林(新訂版)』三省堂(東京)、一九五一年。
(14) 尚学図書編『国語大辞典』小学館(東京)、一九八一年、二五一六頁および一八八三頁。
(15) 沢村真『食物辞典 中「さ」の部〜「と」の部』隆文館(東京)、一九二八年(『近代日本学術用語集成 第四期・昭和篇(一)第六巻(中) 食物辞典(中)』龍渓書舎(東京)、二〇〇九年覆刻)、五七四—五八二頁。
(16) 沢村真『食物辞典 上「あ」の部〜「こ」の部』隆文館(東京)、一九二八年(『近代日本学術用語集成 第四期・昭和篇(一)第六巻(上) 食物辞典(上)』龍渓書舎(東京)、二〇〇九年覆刻)、一二頁。
(17) 河野友美編『改訂食品辞典 第一一巻 料理用語』真珠書院(東京)、一九七四年、二一四頁。
(18) 同前、二九二頁。
(19) 柴田武・山田進編『類語大辞典』講談社、二〇〇二年、一〇四二頁。
(20) 国立国会図書館 NDL-OPAC「蔵書検索(詳細検索)」(https://ndlopac.ndl.go.jp)。
(21) 国立国会図書館ウェブサイト「納本制度」(http://www.ndl.go.jp/jp/aboutus/deposit/deposit.html)[二〇一四年二月二三日最終閲覧]。

(22) 国立国会図書館への納本は、小冊子や私家版などは必ずしも行われていない場合もある。しかし、ここで目的とする日本国内のおける出版物のタイトル表記の傾向を把握することは可能であるとして、国会図書館所蔵データを用いることとした。そして、納本制度のもとで基本的には一九四八年から二〇一四年の間に日本国内で出版された本がすべて蔵書されているものとした。

(23) 国立国会図書館 NDL-OPAC(蔵書検索・申込システム)「蔵書検索(詳細検索)」(https://ndlopac.ndl.go.jp)で、次の検索項目で検索した結果である。資料種別は「図書」、タイトルは「和食」、出版年は「一九四八―二〇一四年」[二〇一四年二月二三日最終検索閲覧]。

(24) 国立国会図書館「近代デジタルライブラリー」(http://kindai.ndl.go.jp)[二〇一四年二月二三日最終閲覧]。

(25) 検索結果には「料理」という単語だけでなく、料理屋、料理人、西洋料理、日本料理などの「料理」に関する熟語も含まれる。また、全国同盟料理新聞社(三宅孤軒『出雲案内記』一九二四年)や、栄養と料理社(香川昇三編『食品分析表』一九四七年)などのような会社名や団体名も含まれる。そのほか、文学作品のタイトルの「お料理遊び」(オルコット『小さき人々:全訳』双樹社、一九二五年)や「注文の多い料理店」(宮沢賢治『グスコードリの伝記:童話』羽田書店、一九四一年)なども含まれる。一件ではあるが、「歳末無料理髪デー」(東京朝日新聞社社会事業団編・発行『東京朝日新聞社の社会事業』一九三七年)というものも含まれる。

(26) 検索結果には、「和食村」(清水吉康『大日本名所図録 徳島県之部』大成館、一九〇四年)など地名を表すものが三件、「飽和食塩水方法」(前浦茂・松本高二郎編・発行『実用微生物検査指針 前編』一九二六年)などの科学検査方法名を表すものが一件を含む。

(27) 福田栄造編輯出版『懐中東京案内』同盟舎出版、一八七八年。

(28) 遠藤茂平編輯・山口米次郎附録編輯『京都名所案内図会』福井源次郎出版人、一八八一年。
(29) 高須浩介著述『函館繁昌記』富岡英之助出版人、一八八四年。
(30) 樋口文次郎編『現今活用　続　記憶一事千金』忠雅堂、一八八七年。
(31) 『日本料理法大全』の著者について、熊倉功夫氏著の『日本の食の近未来』では「石井泰次郎」と表記されているが、正しくは泰次郎の父、治兵衛である。
(32) 赤堀峯吉『和洋家庭料理法』自省堂本店（東京）、一九〇四年。家庭割烹実習会編『和洋家庭料理法』春江堂、一九〇八年。桜井ちか子『実用和洋惣菜料理』実業之日本社、一九一二年。鶴岡新太郎『和洋新家庭料理』日本女子割烹講習会、一九二三年。家庭料理講習会編『誰にも出来る新しい四季の和洋支那料理』緑蔭社、一九二七年。宇野弥太郎『実用和洋料理法』大倉書店、一九二八年。
(33) ここでいう料理法を記した内容のある書籍とは、料理書および家事や家政に関した書籍をさす。国立国会図書館の近代デジタルライブラリーで、タイトルや目次に「家事」を含むものは一二五六件、「家政」を含むものは八七八件であった。この中には、「家事」と「家政」の両方を含むものや「料理」をともに含むものもある。しかし、「和食」をともに含んでいるものは、「家政」の検索結果八七八件中にはなく、「家事」の検索結果一二五六件中にただ一冊、一九〇五（明治三八）年発行の『新撰家事問答』（註34）のみであった。
(34) 近藤正一『新撰家事問答』博文館（東京）、一九〇五年。
(35) 宇山禄子『割烹叢話』掌饌会（東京）、一九〇七年。
(36) 『東京名物志』公益社、一九〇一年。
(37) 東京倶楽部編『最新東京案内』網島書店、一九〇七年。
(38) 石野瑛『横浜』横浜発行所、一九一二年。

(39) 凌翠漫士『道楽百種　人情快話』黎光堂、一九〇三年、一〇―一二頁および一三―一五頁。
(40) 鈴木倉太郎（著作兼発行者）『現代夫人法典』大日本家庭女学会（東京）、一九二九年、一〇八―一〇九頁。
(41) 鷲山重雄『尋常三・四年作法実践細案』明治図書（東京）、一九三七年、二一六―二一九頁。
(42) 加藤清司『現代礼儀作法全書』帝国書籍協会（東京）、一九四〇年、一三四―一四二頁。
(43) 同前、一四二―一七五頁。
(44) 熊倉功夫『文化としてのマナー』岩波書店（東京）、一九九九年、一六〇頁。
(45) 「ラヂオ　けふの番組　午前の部」および「和食の頂き方　朝十時半　食事の作法」、『東京朝日新聞』一八二三六号、一九三七年一月一九日、朝刊六面。
(46) 「新おつきあい事典　一〇二」、『朝日新聞』（東京本社版）一九八三年一〇月三〇日、朝刊二九面。
(47) 「供膳の御式　御質素なる御和食にて両殿下午餐を召す」、『東京朝日新聞』一五二二六号、一九二八年九月二九日、夕刊一面。
(48) 広告「日本郵船会社」、『東京朝日新聞』二三六一号、一八九二年一〇月七日、朝刊六面。
(49) 「三皇孫殿下御嗜好」、『東京朝日新聞』八二七七号、一九〇九年九月三日、朝刊四面。
(50) 「世界航空一周競争　好意の和食調理」、『東京朝日新聞』一六二〇三号、一九三一年六月一〇日、夕刊二面。「胃ガン　和食の人の方が多い」、『朝日新聞』（東京本社版）一九六五年一月二二日、朝刊一四面。「がん　食物次第でこんなに差　『胃』にご用心、和食党」、『朝日新聞』（東京本社版）一九七七年五月一六日、朝刊一三面。「和食人気やや回復」、『朝日新聞』（東京本社版）一九八一年一二月一八日、朝刊三面。「『お年寄りには和食』と決めないで」、『朝日新聞』（東京本社版）一九八三年九月一〇日、朝刊一五面。
(51) 「朝晩は和食」、『東京朝日新聞』一九五二四号、一九四〇年八月八日、朝刊七面。

(52)「汪主席けふ晴れの上陸第一歩　船中、和食が大持て」、『読売新聞』二三一三四号、一九四一年六月一六日、朝刊三面。
(53)「渡豪巨人、西大使招宴に　各国大使も参加、和食に舌つづみ」、『読売新聞』二八〇一〇号、一九五四年一一月二一日、朝刊五面。
(54)「腹が減っては…　大使招待宴で和食大もて」、『朝日新聞』(東京本社版) 一九七四年九月一三日、朝刊一七面。
(55)「メキシコ五輪　日本選手団の裏側　一二」、『朝日新聞』(東京本社版) 一九六八年九月二五日、朝刊一二面。
(56)「和食がお好き?」、『朝日新聞』(東京本社版) 一九七七年七月九日、夕刊九面。
(57)「ダイアナ妃は和食がお好き」、『朝日新聞』(東京本社版) 一九八六年四月一八日、夕刊一二面。
(58)「食堂列車中の元旦馳走」、『読売新聞』一〇九八〇号、一九〇七年一二月二七日、朝刊三面。
(59)「東海道列車食堂の改良」、『東京朝日新聞』八二六一号、一九〇九年八月一八日、朝刊二面。
(60) Katarzyna J. Cwiertka, *Modern Japanese Cuisine: Food, Power and National Identity*, Reaktion Books (London), 2006, pp. 42–50.
(61) 前坊洋『明治西洋料理起源』岩波書店 (東京)、二〇〇〇年、二三一六三頁。
(62) 広告「長崎亭」、『読売新聞』一八七五年六月一九日、朝刊二面。
(63) 広告「青陽楼・青真亭」、『読売新聞』一八八三年五月一〇日、朝刊四面。
(64) 広告「帝国ホテル」、『読売新聞』一八九一年二月四日、朝刊四面。
(65) 広告「平野亭」、『読売新聞』一八九九年三月二一日、朝刊五面。広告「早川本店」、『東京朝日新聞』一九〇五年七月四日、朝刊七面。

(66) 村岡實『日本人と西洋食』春秋社（東京）、一九八四年、一八九頁。
(67) 前坊洋『明治西洋料理起源』八二頁および四三―四四頁、一〇七頁。
(68) 宮本常一『宮本常一集　第二二巻　食生活雑考』未来社（東京）、一九八七年、一六九頁。酒井伸雄『日本人のひるめし』中央公論新社（東京）、二〇〇一年、一六四頁。
(69) 阪急百貨店社史編集委員会編『株式会社阪急百貨店二五年史』阪急百貨店（大阪）、一九七六年、七一―七二頁。
(70) 初田亨『百貨店の誕生』三省堂（東京）、一九九三年、一一八頁。宮野力哉『絵とき百貨店「文化誌」』日本経済新聞社（東京）、二〇〇二年、七六頁。
(71) 「食事も調へ得べく写真も撮り得べし」、『時好』一九〇七年五月号、三越（東京）。提供された品数は六品目で、お食事、おすし、西洋菓子、日本菓子、紅茶、コーヒーであった。
(72) 三越広報部所蔵資料。
(73) 同前。
(74) 『日本百貨店食堂要覧　附日本百貨店写真画報』百貨店週報社（大阪）、一九三七年、一七頁および三一頁、三七頁、四六頁、七三頁、七八頁、八五頁。
(75) 松本佳子「百貨店の女性向けの講習会とその背景――昭和初期の大阪を例に」、『生活文化史』第三四号、一九九八年、九〇―一〇〇頁。
(76) 『株式会社阪急百貨店二五年史』一〇七―一一二頁。
(77) 以下の電話帳を用いた。東京都立図書館「東京の電話帳」（http://www.library.metro.tokyo.jp/edo_tokyo/tokyo/tabid/1043/Default.aspx#2）［二〇一四年二月二三日最終閲覧］。『東京横浜職業別電話名簿』（弘益社）の大正六年用（一九一七年）および大正七年用（一九一八年）。『東京横浜近県職業別電話名簿』（日本商工通信社）の大正一一年版（一九二二年、第一一版）および大正一四年版（一九二五年、第一三版）、大正一五年用（一九二六年、第一四版）、昭和二年版（一九二七年、第一七版）、昭和九年版（一九三四年、第二四版）、昭和一一年用（一九三六年、第二六版）、昭和一三年用（一九三七年、第二八版）、昭和一四年用（一九三九年、第二九版）。『職業別電話名鑑　荏原大井碑衾』（荏原名鑑普及社）の昭和五年版（一九三〇年）および昭和六年版（一九三一年）。『東京・城南職業別電話名鑑』（大東京通信社）の昭和八年（一九三三年）および昭和一五年（一九四〇年）、昭和二五年（一九五〇年）、昭和二七年（一九五二年）、昭和二九年（一九五四年）。『東京業種別電話番号簿　昭和二三年四月現在中央編』日本弘報社、一九四八年。『東京都内職業別電話番号簿　昭和二九年七月』日本電信電話公社、一九五四年。『東京二三区職業別電話番号簿』（日本電信電話公社）の昭和三六年一月一日現在（一九六一年）および昭和三七年一月一日現在（一九六二年）。『東京二三区職業別電話帳　上編』（日本電信電話公社東京電信局）の昭和四六―四九年版（一九七一―一九七四年）。『東京二三区職業別電話帳　生活編　下』（日本電信電話公社東京電信局）の昭和五一年版（一九七六年）および昭和五二年一二月一日現在（一九七八年）、昭和五四年六月一日現在（一九七九年）、昭和五五年一二月一日現在（一九八一年）、昭和五七年六月一日現在（一九八二年）。『タウンページ：職業別電話帳　東京都二三区　リビング東京二三　下』（東日本電信電話株式会社）の昭和五八年版（一二月一日現在）（一九八四年）および昭和六〇年版（六月一日現在）（一九八五年）、一九八六年版（六月三日現在）―一九九〇年版（一〇月一日現在）（一九八六―一九九一年）。『タウンページ：職業別電話帳　東京都二三区　リビング東京二三　上』昭和六〇年版（六月一日現在）、東日本電信電話株式会社、一九八五年。『タウンページ：職業別電話帳　東京都二三区（港・品川・目黒・大田・中央・渋谷）』の一九九一年一一月五日現在（一九九二年）および一九九五年一一月一四日現在（一九九六年）、二〇〇〇年一一月一〇日現在（二〇〇一年）。『デイリータウンページ：職業別（品川・目黒区版）』（ＮＴＴタウンページ株式会社編東日本電信電話）の二〇〇四年一一月二四日現在（二〇〇五年）および二〇〇七年一一月二七日現在（二〇〇八年）、二〇一〇年一一月一九日現在（二〇一一年）、二〇一三年一一月一五日現在（二〇一四年）。

（78）NTTタウンページ「・iタウンページ」（http://itp.ne.jp）［二〇一五年二月二一日最終閲覧］。

（79）陣内正敬「言語変化」、真田信治ほか『社会言語学』おうふう（東京）、二〇〇五年、九一頁。

第二章

（1）和食文化国民会議「一般社団法人和食文化国民会議参加のご案内」（http://washokujapan.jp/download2/07brochure.pdf）［二〇一五年二月二一日最終閲覧］。

（2）熊倉功夫「日本の伝統的食文化としての和食」、熊倉功夫編『和食――日本人の伝統的な食文化』農林水産省、二〇一二年、五頁（農林水産省ウェブサイト「和食文化の保護・継承」（http://www.maff.go.jp/j/keikaku/syokubunka/culture/pdf/all.pdf）［二〇一五年二月二一日最終閲覧］）。熊倉功夫「日本の伝統的食文化としての和食の行方」、『日本の食の近未来』思文閣出版（京都）、二〇一三年、一〇頁。

（3）柳田国男『明治大正史　世相篇　新装版』講談社（東京）、一九九三年、九九頁。

（4）宮本常一『宮本常一集　第二二巻　食生活雑考』未来社（東京）、一九八七年、一二二頁。

（5）原田信男編『日本ビジュアル生活史　江戸の料理と食生活』小学館（東京）、二〇〇四年、五七頁。

（6）秋谷重男・吉田忠『食糧・農業問題全集　一七　食生活変貌のベクトル』今村奈良臣・吉田忠編、農山漁村文化協会（東京）、一九八八年、一六頁。

（7）有薗正一郎『近世庶民の日常食――百姓は米を食べられなかったか』海青社（滋賀）、二〇〇七年、五九―六〇頁。

（8）ここで使用した資料は、『日本近代の食事調査資料　第一巻　明治篇』（全国食糧振興会（東京）、一九八八年）所収の「人民常食種類調査」と題するものであるが、当該資料について綿密な初出調査を行った有薗正一郎氏によって原資料出典文献名の誤りが明らかにされているため、有薗氏に従い、「人民常食種類比例」の原資料名を用いることとした。詳細は以下の文献を参照されたい。有薗正一郎『近世庶民の日常食——百姓は米を食べられなかったか』一七—一八頁。

（9）『日本近代の食事調査資料　第一巻　明治篇』二〇—二一頁。

（10）有薗正一郎『近世庶民の日常食——百姓は米を食べられなかったか』三二—三三頁。

（11）同前、八一—八二頁および九四頁、一一七頁。

（12）秋谷重男・吉田忠『食糧・農業問題全集　一七　食生活変貌のベクトル』二三頁。

（13）同前、二五—二六頁。

（14）柳田国男『明治大正史　世相篇　新装版』七四頁。

（15）宮本常一『宮本常一集　第二二巻　食生活雑考』一二一頁。

（16）秋谷重男・吉田忠『食糧・農業問題全集　一七　食生活変貌のベクトル』二四頁。

（17）宮本常一『宮本常一集　第二二巻　食生活雑考』一二一頁。

（18）秋谷重男・吉田忠『食糧・農業問題全集　一七　食生活変貌のベクトル』二六—二九頁。

（19）『日本の食生活全集　全五〇巻』農山漁村文化協会（東京）、一九八四—一九九二年。

（20）「要保護者の状態とその食物栄養の改善の必要について」、『日本近代の食事調査資料　第三巻　昭和（戦時）篇（I）』全国食糧振興会（東京）、一九九一年、三二—三五頁。

（21）「日本の食生活全集　愛媛」編集委員会編『日本の食生活全集　三八　聞き書き　愛媛の食事』農山漁村文化協会（東京）、一九八八年、三五四—三五五頁。

（22）「日本の食生活全集　東京」編集委員会編『日本の食生活全集　一三　聞き書き　東京の食事』農山漁

村文化協会（東京）、一九八八年、七七頁および一四七頁。

(23)「日本の食生活全集　大阪」編集委員会編『日本の食生活全集　二七　聞き書き　大阪の食事』農山漁村文化協会（東京）、一九九一年、三一頁および九一頁、二〇〇頁。

(24) 同前、二三二頁および二四八頁、二五二頁。

(25) 本書の主題から食に関する一例を挙げると、学術研究としては、秋元律郎『戦争と民衆――太平洋戦争下の都市生活』（学陽書房（東京）、一九七四年）、岸康彦『食と農の戦後史』（日本経済新聞社（東京）、一九九六年）、戦後日本の食料・農業・農村編集委員会編『戦後日本の食料・農業・農村　第一巻　戦時体制期』（農林統計協会（東京）、二〇〇三年）、板垣邦子『日米決戦下の格差と平等――銃後信州の食糧疎開』（吉川弘文館（東京）、二〇〇八年）などがある。当時の記録をまとめたものには、早乙女勝元・松浦総三編『太平洋戦争末期の市民生活』（鳩の森書房（東京）、一九七七年）、岡山女性史研究会編『岡山の女性と暮らし――「戦前・戦中」の歩み』（山陽新聞社（岡山）、二〇〇〇年）などがある。体験記には、本文中で取り上げているもの以外に、鴨下信一『誰も「戦後」を覚えていない』（文藝春秋（東京）、二〇〇五年）、白井貞『食の昭和史――改めて日本人の食の意味を』（つくばね舎（東京）、二〇〇六年）などがある。日記には、島利栄子『戦時下の母――大島静日記一〇年を読む』（展望社（東京）、二〇〇四年）、小寺幸生編『戦時の日常――ある裁判官夫人の日記』（博文館新社（東京）、二〇〇五年）、武谷信代『希望の花を胸に――一主婦の戦時下日記』（中央公論事業出版（東京）、二〇〇六年）などがある。また一般書として、山岡明『庶民の戦後　生活編――戦後大衆雑誌にみる』（太平出版社（東京）、一九七三年）、斎藤美奈子『戦下のレシピ――太平洋戦争下の食を知る』（岩波書店（東京）、二〇〇二年）、月刊『望星』編集部編『あの日、あの味――「食の記憶」でたどる昭和史』（東海教育研究会（神奈川）、二〇〇七年）などがある。

(26) いずみの会「戦争体験記」編集委員会編『主婦の戦争体験記――この声を子らに』（風媒社（愛知）、一九六五年）所収の、松下元子「集団疎開」（一〇五頁）および小塩千枝「人格無視の時代」（一九九頁）。

(27) 新井オイツ「糠の団子」、『暮しの手帖』第九六号、暮しの手帖社（東京）、一九六八年、一〇六頁。

(28) 農林省農林経済局統計調査部編『農林省累計統計表　明治一年―昭和二八年』農林統計協会、一九五五年、「米穀需給表」一六二―一六三頁。

(29) 松井健三編『食料品配給公団総覧』日本経済調査会、一九四九年、「昭和五年―一五年味噌生産実績及び配給実績並び一人当消費量」八三―八四頁、および「一九三七―一九四八年の醤油消費統計」八五頁。

(30) War Department Military Intelligence Service Washington, "Japan's Food Position, 28 August 1945," A-2. RG 243 US Strategic Survey, M1652 Roll 50, NARA, College Park MD.（米国立公文書館所蔵）

(31) War Department Military Intelligence Service Washington, "Japan's Food Position, 28 August 1945," A-24–A-25.（米国立公文書館所蔵）

(32) War Department Military Intelligence Service Washington, "Japan's Food Position, 28 August 1945," A-29–A-30.（米国立公文書館所蔵）

(33) 連合軍総司令部経済科学局価格統制部『占領第一年に於ける日本の食糧事情』終連（終戦連絡中央事務局）経済部農林課訳、発行年不詳、九―一〇頁。

(34) General Headquarters Supreme Commander for the Allied Powers, Economic And Scientific Section, Natural Resources Section, Public Health and Welfare Section, "Food Situation during the Second Year of Occupation, Tokyo, 1946–47," Table 34. RG 331 Folder 35 Box 8395, NARA, College Park MD.（米国立公文書館所蔵）

(35) 戦後日本の食料・農業・農村編集委員会編『戦後日本の食料・農業・農村　第一巻　戦時体制期』農林統計協会（東京）、二〇〇三年、一一頁。

（36）同前、九三―九四頁。

（37）同前、九八―一〇六頁。

（38）Bruce F. Johnson, *Japanese Food Management in World War II*, Stanford University Press (Stanford, CA), 1953, pp. 129–131.

（39）NHK産業科学部編『証言・日本漁業戦後史』日本放送出版協会（東京）、一九八五年、一一頁。

（40）池上甲一・岩崎正弥・原山浩介・藤原辰史『食の共同体――動員から連帯へ』ナカニシヤ出版（京都）、二〇〇八年、一九頁。

（41）Johnson, *Japanese Food Management in World War II*, p. 136.

（42）草間俊郎「食の社会史――一九四〇年代の神奈川県を中心に」、『神奈川県立栄養短期大学紀要』第二八号、一九九六年、二頁。

（43）『戦後日本の食料・農業・農村　第一巻　戦時体制期』三五四頁。

（44）「お米の通帳制　きょう円滑な店開き　早くも配達初む　一人の割当量も幾分増して」、『大阪毎日新聞』一九四一年四月二日。

（45）天野一男「米食の変化と背景」、田村眞八郎・石毛直道編『食の文化フォーラム　日本の食・一〇〇年〈たべる〉』ドメス出版（東京）、一九九八年、六一―六三頁。

（46）岩崎正弥「悲しみの米食共同体」、『食の共同体――動員から連帯へ』三二頁など。

（47）Katarzyna J. Cwiertka, *Cuisine, Colonialism and Cold War: Food in Twentieth-Century Korea*, Reaktion Books (London), 2012, p. 20.

（48）Johnson, *Japanese Food Management in World War II*, pp. 49–52.

（49）羽間美智子「第二次世界大戦下の尼崎のくらし　II」、『みちしるべ』第三〇号、尼崎郷土史研究会（兵庫)、二〇〇二年、三三頁。羽間美智子「第二次世界大戦下の尼崎のくらし　Ⅷ」、『みちしるべ』第三八号、尼崎郷土史研究会(兵庫)、二〇一〇年、二六―二八頁。

(50)大日本料理研究会編『新栄養学と節米の国民食献立料理』、『料理之友』第二九巻第五号附録、大日本料理研究会料理之友社(東京)、一九四一年。

(51)羽間美智子「第二次世界大戦下の尼崎のくらし　Ⅵ」、『みちしるべ』第三六号、尼崎郷土史研究会(兵庫)、二〇〇八年、四〇頁。

(52)岸安彦『食と農の戦後史』日本経済新聞社(東京)、一九九六年、六―七頁。

(53)総務庁統計局監修『日本長期統計総覧　第二巻』日本統計協会(東京)、一九八八年、四一頁。

(54)三橋時雄『戦後日本農業の史的展開』ミネルヴァ書房(京都)、一九七五年、五頁。

(55)横山英信『日本麦需給政策史論』八朔社(東京)、二〇〇二年、一四九頁。

(56)連合軍総司令部経済科学局価格統制部『占領第一年に於ける日本の食糧事情』終連(終戦連絡中央事務局)経済部農林課訳、発行年不詳、二三頁および四一頁。

(57)近藤とし子『根のいとなみ』草土文化(東京)、一九七九年、一〇五―一〇六頁。

(58)横山英信『日本麦需給政策史論』一五一―一五二頁。

(59)「経済戦強調運動と戦時食糧充実運動の展開」、内閣情報部編輯『週報』第一五九号、内閣印刷局(東京)、一九三九年一一月一日、四六頁。

(60)「達普第一七九四号　各官庁ノ食堂ニ於ケル昼食ニ代用食使用ノ件通牒」一九四〇年三月一九日(国立公文書館所蔵)。

(61)永井荷風『断腸亭日乗　五』岩波書店(東京)、『断腸亭日乗』全七冊、一九八一年、五五頁(昭和一五年八月一日の項)。

（62）「強化された節米の実際を見る」、内閣情報部編輯『週報』第二〇〇号、内閣印刷局（東京）、一九四〇年八月一四日、二四―二五頁。

（63）「和食の膳よ、さらば　デパートの食堂と節米」、『東京朝日新聞』一九五一一号、一九四〇年七月二六日、朝刊七面。

（64）「強化された節米の実際を見る」二四―二五頁。

（65）古川ロッパ『古川ロッパ昭和日記　戦前篇』滝大作監修、晶文社（東京）、一九八七年、七三六頁（昭和一五年九月三日の項）。

（66）「鮨なしデー月に三日　まず八日から……毎月第二月曜も」、『大阪毎日新聞』一九四〇年七月六日。

（67）『古川ロッパ昭和日記　戦前篇』七三四頁（昭和一五年八月三〇日の項）および六五頁（昭和一六年五月二一日の項）、二二二頁（昭和一七年三月二三日の項）、二八二頁（昭和一七年八月二二日の項）など。

（68）Washoku JAPAN 和食文化国民会議「和食文化とは」和食文化国民会議ウェブサイト（http://washokujapan.jp/culture/）の以下の資料［二〇一六年六月二一日最終閲覧］。「無形文化遺産に登録された、和食文化の特徴」、「『和食』を未来へ。」（「和食」の保護・継承に関する検討会報告書）（http://www.maff.go.jp/j/keikaku/syokubunka/culture/pdf/houkoku_2.pdf）、農林水産省、二〇一五年、三頁。

（69）原田信男『和食とはなにか――旨みの文化をさぐる』ＫＡＤＯＫＡＷＡ（東京）、二〇一四年、一一一頁。Eric C. Rath, "Reevaluating Rikyū: *Kaiseki* and the Origins of Japanese Cuisine," *Journal of Japanese Studies*, 39(1), Winter 2013, pp. 67–96.

（70）熊倉功夫『日本料理文化史――懐石を中心に』人文書院（京都）、二〇〇二年、一七〇頁。

（71）有薗正一郎『近世庶民の日常食――百姓は米を食べられなかったか』二頁および三一一―三三三頁。江原絢子・石川尚子・東四柳祥子『日本食物史』吉川弘文館（東京）、二〇〇九年、一八五頁。

(72) 江原絢子「真田幸弘の食事記録『御膳日記』」、『会誌　食文化研究』第九〇号、日本家政学会食文化研究部会（東京）、二〇一三年、七四頁。
(73) 原田信男『江戸の食生活』岩波書店（東京）、岩波現代文庫、二〇〇九年、二四五頁。
(74) 宮腰松子「幕末のさる大名家の『御献立帖』」、芳賀登・石川寛子監修『全集　日本の食文化　第一〇巻　日常の食』雄山閣出版（東京）、一九九七年、三五—五二頁。
(75) 原田信男『江戸の食生活』一一二—一三五頁。
(76) 向山雅重「農村の食生活——江戸末期信州伊那郡前沢村小輪田の一事例」、芳賀登・石川寛子監修『全集　日本の食文化　第一〇巻　日常の食』雄山閣出版（東京）、一九九七年、五六—五七頁。
(77) 『日本近代の食事調査資料　第一巻　明治篇』全国食糧振興会（東京）、一九八八年、八八—一二四頁。
(78) 同前、一三二—一五四頁。
(79) 大塚力『「食」の近代史』教育社（東京）、一九七九年、一〇五頁。
(80) 『日本近代の食事調査資料　第二巻　大正・昭和（初期）篇』全国食糧振興会（東京）、一九八九年、二二—二九頁。
(81) 「養衆ノ研究補遺」、『日本近代の食事調査資料　第二巻　大正・昭和（初期）篇』八八—九五頁。
(82) 東京市衛生試験所編纂『第五回東京市衛生試験所報告学術的報告』東京市役所、一九二九年三月三一日、二一五頁、九—一二頁、一五—一八頁、二一—二四頁、二七—三〇頁、三三—三六頁。
(83) 「東京市内某細民地区ニ於ケル栄養調査——昭和六年（一九三一）」、『日本近代の食事調査資料　第二巻　大正・昭和（初期）篇』一六〇—一七三頁。
(84) 「公私生活を刷新し戦時体制化するの基本方策」、内閣情報部編輯『週報』第一四三号、内閣印刷局（東京）、一九三九年七月一二日、表紙見開きおよび四二—四三頁。「興亜奉公日設定さる」、内閣情報部編輯

『週報』第一四八号、内閣印刷局（東京）、一九三九年八月一六日、三七頁。

(85)「興亜奉公日設定さる」、内閣情報部編輯『週報』第一四八号、四〇―四一頁。

(86) 中沢弁治郎編『郷土食の研究（奈良県下副食物之部）』食糧報国連盟本部、一九四二年。

(87) 安原美帆「昭和初期における奈良県下の夏の食事とその特徴――『郷土食の研究』奈良県下主食物之部および副食物之部を題材として」、『家政学研究』第五一巻第一号、奈良女子大学家政学会（奈良）、二〇〇四年、三一頁。

(88) 大豆生田稔『お米と食の近代史』吉川弘文館（東京）、二〇〇七年、三頁。

(89) 秋谷重男・吉田忠『食糧・農業問題全集　一七　食生活変貌のベクトル』七六―七七頁。

(90) 原田信男『日本人はなにを食べてきたか』二三四頁。秋谷重男・吉田忠『食糧・農業問題全集　一七　食生活変貌のベクトル』七六―七七頁。

(91) 三越本社コーポレートコミュニケーション部資料編纂担当編『株式会社三越一〇〇年の記録』三越（東京）、二〇〇五年、一五〇頁。

第三章

(1) 商工省「九・一八価格とは何か――価格統制令の解説」、内閣情報部編輯『週報』第一五九号、内閣印刷局（東京）、一九三九年一一月一日、一一―二四頁。

(2) 永原慶二監修『岩波日本史辞典』岩波書店（東京）、一九九九年、四一三頁。

(3)「奢侈品等の製造販売　あすより制限を実施　きょう規則公布　戦時下国民生活刷新へ」、『大阪毎日新聞』一九四〇年七月六日。

(4)「安心して暖簾の中　一品料理のマル公に新に適正値　インチキ洋酒も監視」、『大阪毎日新聞』一九四一年六月七日。

(5)「鰻丼は六〇銭以下　丼物、寿司などに大阪府のマル公」、『大阪毎日新聞』一九四一年八月二七日。

(6)「大阪の料理にマル公　四級に格附け　一品料理は八〇銭以下」、『大阪毎日新聞』一九四二年一二月二四日。

(7)農林水産省「和食　日本食文化を、無形文化遺産に。」パンフレット（http://www.maff.go.jp/j/study/syoku_vision/pdf/130402leaflet_jpn.pdf）［二〇一五年二月二一日最終閲覧］。

(8)Katarzyna J. Cwiertka, "Minekichi Akabori and His Role in the Development of Modern Japanese Cuisine," in H. Walker (ed.), *Cooks and Other People*, Prospect Books (Devon), 1996, pp. 68–80.

(9)小林毅編『きょうの料理が伝えてきた昭和のおかず』別冊NHKきょうの料理、日本放送出版協会（東京）、二〇〇三年、一頁および六八頁、一二七頁。

(10)永原慶二監修『岩波日本史辞典』四三六頁。

(11)三越本社コーポレートコミュニケーション部資料編纂担当編『株式会社三越一〇〇年の記録』三越（東京）、二〇〇五年、一五〇頁。

(12)帝国ホテル編『帝国ホテル一〇〇年史』帝国ホテル（東京）、一九九〇年、四一二頁。

(13)杉原四郎・一海知義編『河上肇　自叙伝（五）』岩波書店（東京）、二〇〇七年、二〇二頁。および、徳川夢声『夢声戦争日記　三　昭和一八年』中央公論社（東京）、一九七七年、八八頁（昭和一八年三月一四日の項）。

(14)杉原四郎・一海知義編『河上肇　自叙伝（五）』一九四—二〇三頁。清沢洌『暗黒日記　I　昭和一七年一二月九日—一八年一二月三一日』評論社（東京）、一九七五年、六九頁（昭和一八年六月一二日の項）および七四頁（同月一五日の項）。徳川夢声『夢声戦争日記　三　昭和一八年』八七—八八頁（昭和一八年三月一四日の項）など。
(15) 杉原四郎・一海知義編『河上肇　自叙伝（五）』一九四―二〇三頁。
(16) 東京會舘編『東京會舘いまむかし』東京會舘（東京）、一九八七年、一五九―一六〇頁。
(17) 阪急百貨店社史編集委員会編『株式会社阪急百貨店二五年史』阪急百貨店（大阪）、一九七六年、二二七―二二八頁。
(18)『東京會舘いまむかし』一六一―一六三頁。
(19) 同前、一六七頁。
(20)『株式会社阪急百貨店二五年史』二二八頁。
(21) 大阪ガスビルディング編『ガスビル五〇年の記録』大阪ガスビルディング（大阪）、一九八三年、一二頁。
(22)『東京會舘いまむかし』一六三頁および一六九―一七〇頁。
(23) 古川ロッパ『古川ロッパ昭和日記　戦中篇』滝大作監修、晶文社（東京）、一九八七年、二三三頁（昭和一七年五月九日の項）。
(24)『東京會舘いまむかし』一六六頁。
(25)『株式会社阪急百貨店二五年史』二二一―二二二頁。
(26)「実施された決戦非常措置」、内閣情報局編輯『週報』第三八五号、内閣印刷局（東京）、一九四五年三月八日、七―一二頁。
(27)「転進三五〇〇〇人　高級料理店に休業令」、『読売新聞』一九四四年三月四日。
(28)「特殊料理屋、飲食店等　三千六百余殆ど停止」、『毎日新聞』一九四四年三月四日。
(29)『昭和大坂市史　第三巻　経済篇　上』大阪市役所（大阪）、一九五四年、一六四頁。

(30) 高見順『高見順日記　第二巻ノ下』勁草書房（東京）、一九六六年、七七七頁（昭和一九年四月二〇日の項）。および、高見順『高見順日記　第三巻』勁草書房（東京）、一九六四年、三六―三九頁（昭和二〇年一月一四日の項）。山田風太郎『戦中派虫けら日記』筑摩書房（東京）、一九九八年、三六頁（昭和一九年六月一二日の項）。

(31) 山田風太郎『戦中派虫けら日記』三七〇―三七一頁（昭和一九年六月一三日の項）。

(32) 高見順『高見順日記　第四巻』勁草書房（東京）、一九六四年、二五四頁（昭和二〇年七月一九日の項）。

(33) 「勝つ日まで続く『精進一年』　開かぬ享楽面」、『毎日新聞』（大阪本社版）一九四五年二月二日。

(34) 「高級料理店休業　更に一ヶ月延長」、『朝日新聞』一九四六年九月二九日、朝刊二面。

(35) 「高級料亭　当分の間休業　二六日から大阪府の断」、『毎日新聞』（大阪本社版）一九四六年六月二一日、二面。

(36) 食糧庁食糧管理史編集室食糧管理史編集委員会編『食糧管理史　各論別巻　Ⅰ（法令編）』食糧庁（東京）、一九七二年、五〇一―五一二頁。

(37) 例えば、古川ロッパ『古川ロッパ昭和日記　戦中篇』六四〇頁（昭和一九年八月二日の項）。

(38) 古川ロッパ『古川ロッパ昭和日記　戦中篇』五三七頁（昭和一九年一月二五日の項）および五五九―五六〇頁（昭和一九年三月四日の項）。

(39) 辰巳浜子『私の「風と共に去りぬ」』南窓社（東京）、一九七八年、二三―三一頁および六四―七二頁。

(40) 「外食券食堂　副食物のマル公を撤廃」、『毎日新聞』（大阪本社版）一九四五年一二月一一日、二面。

(41) 高見順『高見順日記　第六巻』勁草書房（東京）、一九六五年、三三一―三三四頁（昭和二一年二月三日の項）。および、高見順『高見順日記　第七巻』勁草書房（東京）、一九六五年、二五三―二五七頁（昭和二一年一二月二二日の項）。

(42) 野沢一馬『大衆食堂』筑摩書房(東京)、二〇〇五年、二四九頁。
(43) 古川ロッパ『古川ロッパ昭和日記 戦後篇 新装版』滝大作監修、晶文社(東京)、二〇〇七年、四九一—五〇頁(昭和二〇年一一月八日の項)および五二頁(昭和二〇年一一月一九日の項)、一一六頁(昭和二一年五月一七日の項)。
(44) 山田風太郎『戦中派闇市日記』小学館(東京)、二〇〇三年、八三頁(昭和二二年四月二三日の項)。
(45) 「主婦の会 食糧委託加工業をまた吊上げ」、『毎日新聞』(大阪本社版)一九四九年一一月二六日。
(46) 高見順『高見順日記 第六巻』一〇頁(昭和二〇年一〇月二〇日の項)。
(47) 同前、六二頁(昭和二〇年一〇月二九日の項)および二四七頁(昭和二〇年一二月二二日の項)。
(48) 古川ロッパ『古川ロッパ昭和日記 戦後篇 新装版』三八頁(昭和二〇年一〇月一八日の項)および七一頁(昭和二〇年一二月二一日の項)。
(49) 高見順『高見順日記 第六巻』三三一—三三四頁(昭和二一年二月二日の項)および一三七頁(昭和二一年八月三〇日の項)、二六一頁(昭和二一年一二月二三日の項)。
(50) 「料飲追放 非常措置本極り "生残組"も再審査 五日から本年一杯 違反者は厳罰」、『毎日新聞』(大阪本社版)一九四七年七月二日。および、「五日から年末まで 全国の料飲店休業」、『読売新聞』一九四七年七月二日。
(51) 『食糧管理史 各論別巻 I(法令編)』五〇一頁。
(52) 古川ロッパ『古川ロッパ昭和日記 戦後篇 新装版』二三三頁(昭和二二年七月一六日の項)および二三五頁(昭和二二年七月二一日の項)。
(53) 同前、二七一頁(昭和二二年一一月五日の項)。および、高見順『高見順日記 第八巻』勁草書房(東京)、一九六五年、一三八頁(昭和二三年一月一九日の項)。

(54)「旅館でヤミの宴会　出席の和歌山県部長ら処分」、『毎日新聞』(大阪本社版) 一九四七年七月二〇日。「官庁、業者三百余がどんちゃん騒ぎ　有馬温泉でも料飲違反?」、『毎日新聞』(大阪本社版) 一九四七年一一月五日。
(55)『食糧管理史　各論別巻　I (法令編)』五〇一—五一二頁。
(56) 森まゆみ『カラー版「懐かしの昭和」を食べ歩く』PHP研究所 (京都・東京)、二〇〇八年、一六頁。および、古川ロッパ『古川ロッパ昭和日記　戦後篇　新装版』六一五—六一六頁 (昭和二五年八月九日の項)。
(57) 山田風太郎『戦中派復興日記』小学館 (東京)、二〇〇五年、三三頁 (昭和二六年四月三日の項) および八七—八八頁 (昭和二六年六月二五日の項)。
(58)「生活　お米の通帳制　労務者には増量の特配」、『毎日新聞』(大阪本社版) 一九四一年三月二八日。および、「婦人　お米の通帳制家庭心得　外食券の使ひ方」、『読売新聞』一九四一年三月二九日、などである。
(59)「婦人　お米の通帳制家庭心得　外食券の使ひ方」、『読売新聞』一九四一年三月二九日。
(60)「お米外食券　全都下に通用　二ヶ月有効・代用食は不要　けふ心得帳を発表」、『読売新聞』一九四一年三月一四日。および、野沢一馬『大衆食堂』筑摩書房 (東京)、二〇〇五年、二六四頁。
(61) 神戸市役所社会課『大正九年四月　神戸市社会事業概況』一九二〇年、七頁。
(62) 白木屋『白木屋三〇〇年史』白木屋 (東京)、一九五七年、三六七頁。および、『株式会社阪急百貨店二五年史』一一一—一一二頁。
(63)「お米外食券　全都下に通用　二ヶ月有効・代用食は不要　けふ心得帳を発表」、『読売新聞』一九四一年三月一四日。および、「外食券　切離すと無効です　職業によって米も買へる」、『読売新聞』一九四一年三月一八日。

(64) 東京都民生局「外食券食堂事業の調査：昭和二四年一〇月」、『資料集「昭和期の都市労働者 一 東京：日雇・浮浪者」［八］ 昭和二四年・二五年・二六年』近代資料刊行会（東京）、二〇〇六年、一五―一八頁。
(65) 同前、一四―一五頁。
(66) 同前、三五―三七頁。
(67) 同前、二二頁。
(68) 同前、三九頁。
(69) 同前、二八―二九頁。
(70) 同前、三〇頁。
(71) 同前、三八頁。

第四章

(1)「メキシコ五輪 日本選手団の裏側 二」、『朝日新聞』一九六八年九月二五日、朝刊一二面。「ダイアナ妃は和食がお好き」、『朝日新聞』一九八六年四月一八日、夕刊一二面。「(アジアズームイン) 便利売ります コンビニ事情 三 海を渡る和食」、『朝日新聞』二〇〇五年一〇月四日、夕刊三面。
(2)「三者三論 和食のブランド化」、『朝日新聞』二〇〇五年九月一六日、朝刊一二面。
(3)「知的財産基本法（平成一四年一二月四日法律第一二二号）」法務省ウェブサイト、日本法令外国語訳データベースシステム（http://www.japaneselawtranslation.go.jp/law/detail_main?vm=&id=129）［二〇一六年三月二八日最終閲覧］。
(4) 農林水産省「知的財産戦略本部 コンテンツ専門調査会 日本ブランド・ワーキンググループ 第一回

会合　議事次第　資料六」二〇〇四年一一月二四日、首相官邸ウェブサイト（http://www.kantei.go.jp/jp/singi/titeki2/tyousakai/contents/brand1/1siryou6.pdf）、一―二二頁［二〇一五年七月六日最終閲覧］。

（5）知的財産戦略本部　コンテンツ専門調査会　日本ブランド・ワーキンググループ「日本ブランド戦略の推進――魅力ある日本を世界に発信」二〇〇五年二月二五日、首相官邸ウェブサイト（http://www.kantei.go.jp/jp/singi/titeki2/tyousakai/contents/houkoku/050225hontai.pdf）、二―八頁［二〇一五年七月六日最終閲覧］。

（6）知的財産戦略本部「知的財産推進計画二〇〇五」二〇〇五年六月一〇日、首相官邸ウェブサイト（http://www.kantei.go.jp/jp/singi/titeki2/kettei/050926f.pdf）、一〇五―一〇七頁［二〇一五年七月八日最終閲覧］。

（7）食文化研究推進懇談会「日本食文化の推進～日本ブランドの担い手～」二〇〇五年七月一九日、香川学園ウェブサイト（http://www.eiyo.ac.jp/shokuiku/images/report.pdf）［二〇一五年七月八日最終閲覧］。

（8）内閣府『平成二二年版　食育白書』（http://www8.cao.go.jp/syokuiku/data/whitepaper/2010/pdf-honbun.html）、一一七―一一八頁［二〇一五年七月八日最終閲覧］。

（9）日本ブランドの確立と発信に関する関係省庁連絡会議「日本ブランド戦略アクションプラン」二〇〇九年七月三日、内閣官房ウェブサイト（http://www.cas.go.jp/jp/seisaku/brand/dai02/nbap.pdf）、五―六頁［二〇一五年七月八日最終閲覧］。

（10）農林水産省ウェブサイト「『WASHOKU－Try Japan’s Good Food』事業」（http://www.maff.go.jp/j/shokusan/export/e_washoku_try/index.html）［二〇一五年七月一四日最終閲覧］。

（11）外務省ウェブサイト「『WASHOKU－Try Japan’s Good Food 事業』日本各地の食材を世界へ紹介！」（http://www.mofa.go.jp/mofaj/annai/zaigai/washoku/index.html）［二〇一五年七月一四日最終閲覧］。

(12) 農林水産省「Japanese foods. Your quality time.」(http://www.maff.go.jp/e/jf_yqt/)［二〇一五年七月一四日最終閲覧］。

(13) 藤野洋「ジャパン・ブランドの確立を通じた地域活性化に関する考察――クラスター的な連携の枠組みの試案と中小企業の役割（下）」、『商工金融』第六五巻第一号、二〇一五年一月、七六―七九頁（商工総合研究所ウェブサイト（shokosoken.or.jp/chousa/youshi/26nen/26-1-2.pdf）［二〇一五年七月八日最終閲覧］）。

(14) Rumi Sakamoto and Matthew Allen, "There's Something Fishy about That Sushi: How Japan Interprets the Global Sushi Boom," *Japan Forum*, 23(1), pp. 99–121.

(15) 農林水産省「知的財産戦略本部　コンテンツ専門調査会　日本ブランド・ワーキンググループ　第一回会合　議事次第　資料六」二〇〇四年一一月二四日、首相官邸ウェブサイト（http://www.kantei.go.jp/jp/singi/titeki2/tyousakai/contents/brand1/1siryou6.pdf）、四―六頁［二〇一五年七月六日最終閲覧］。

(16) 厚生省保健医療局健康増進栄養課監修『食育時代の食を考える』中央法規出版（東京）、一九九三年、巻頭一―四頁。

(17) 農政ジャーナリストの会編「『食育』――その必要性と可能性」、『日本農業の動き』第一五〇号、農林統計協会（東京）、二〇〇四年、八九頁。

(18) 食料・農業政策研究センター編『提言　私たちの望ましい食生活――日本型食生活のあり方を求めて』農林統計協会（東京）、一九八三年、一―二頁および三九―四一頁。

(19) 祖田修『コメを考える』岩波書店（東京）、一九八九年、一二八頁。および、岸康彦『食と農の戦後史』日本経済新聞社（東京）、一九九六年、二四六―二四九頁など。

(20) 食料・農業政策研究センター編『提言　私たちの望ましい食生活――日本型食生活のあり方を求めて』三八頁。

(21) 学校給食一五周年記念会編『学校給食一五年史』学校給食一五周年記念会（東京）、一九六二年、二六―二七頁および四三頁。

(22) 同前、八六頁。

(23) 萩原弘道監修『実践講座　学校給食　第一巻　歴史と現状』名著編纂会（東京）、一九八七年、一三三―一三四頁。

(24) 祖田修『コメを考える』一三〇―一三一頁。

(25) 矢野恒太記念会編『数字でみる日本の一〇〇年　改訂第四版』国勢社（東京）、二〇〇〇年、二一八頁。総務省統計局「平成二五年度食料需給表　総合自給率等の推移」（http://www.e-stat.go.jp/SG1/estat/List.do?lid=000001131797）［二〇一六年一月一〇日最終閲覧］。

(26) 農林水産省「世界の食料自給率」（http://www.maff.go.jp/j/zyukyu/zikyu_ritu/013.html）［二〇一六年一月一〇日最終閲覧］。

(27) 内閣府『平成一八年度版　食育白書』（http://www8.cao.go.jp/syokuiku/data/whitepaper/2006/book/pdf.html）、二四―二五頁［二〇一五年七月八日最終閲覧］。

(28) 内閣府広報室「『食育に関する特別世論調査』の概要」二〇〇五年九月、内閣府ウェブサイト（http://www8.cao.go.jp/syokuiku/more/research/pdf/h17-syokuiku.pdf）、一頁［二〇一五年七月八日最終閲覧］。

(29) 厚生省「『食生活指針』の策定について」二〇〇〇年三月二三日報道発表資料（http://www1.mhlw.go.jp/houdou/1203/h0323-1_11.html）。農林水産省「食生活指針の推進について」二〇〇〇年三月二四日閣議決定（http://www.maff.go.jp/j/syokuiku/pdf/syoku_shishin.pdf）。農林水産省「食生活指針の解説要領」（http://www.maff.go.jp/j/syokuiku/pdf/yo-ryo-.pdf）［いずれも二〇一五年七月八日最終閲覧］。

(30) 厚生労働省「『食事バランスガイド』について」（http://www.mhlw.go.jp/bunya/kenkou/eiyou-syokuji.

html)［二〇一五年七月八日最終閲覧］。

（31）内閣府食育推進室「食育に関する意識調査報告書」二〇〇七年五月、内閣府ウェブサイト（http://www8.cao.go.jp/syokuiku/more/research/h19/pdf/s.pdf）、一四頁［二〇一五年七月八日最終閲覧］。

（32）「食育基本法（平成一七年六月一七日法律第六三号）」電子政府の総合窓口 e-Gpv ウェブサイト（http://law.e-gov.go.jp/htmldata/H17/H17HO063.html）［二〇一五年七月七日最終閲覧］。

（33）内閣府「食育推進基本計画」二〇〇六年三月（http://www8.cao.go.jp/syokuiku/about/plan/pdf/kihonkeikaku.pdf）、二八頁［二〇一五年七月一五日最終閲覧］。

（34）同前。および、内閣府「第二次食育推進基本計画」二〇一一年三月三一日食育推進会議決定、二〇一三年一二月二六日一部改定（http://www8.cao.go.jp/syokuiku/about/plan/pdf/2kihonkaiteihonbun.pdf）［二〇一五年七月一五日最終閲覧］。

（35）内閣府食育推進室「『第三次食育推進基本計画』今後の検討スケジュール（案）」内閣府ウェブサイト（http://www8.cao.go.jp/syokuiku/more/conference/evaluation4/3rd/pdf/s5.pdf#search='%EF%BC%93%E6%AC%A1+%E9%A3%9F%E8%82%B2%E6%8E%A8%E9%80%B2%E5%9F%BA%E6%9C%AC%E8%A8%88%E7%94%BB'）［二〇一五年七月一五日最終閲覧］。

（36）三菱総合研究所「今後の食育推進施策について最終取りまとめ」農林水産省平成二六年度食育活動の全国展開委託事業（調査）報告書、二〇一五年三月六日、農林水産省ウェブサイト（http://www.maff.go.jp/j/press/syouan/johokan/pdf/150306-03.pdf）、一一頁［二〇一五年七月一五日最終閲覧］。

（37）UNESCO, "Introducing UNESCO: what we are."（http://www.unesco.org/new/en/unesco/about-us/who-we-are/introducing-unesco/）［二〇一五年七月九日最終閲覧］。

（38）UNESCO, "World Heritage List."（http://whc.unesco.org/en/list/）［二〇一五年七月九日最終閲覧］。

(39)「無形文化遺産の保護に関する条約」和文、国会提出条約・法律案、第一五九回国会（平成一六年常会）提出条約、外務省ウェブサイト（http://www.mofa.go.jp/mofaj/gaiko/treaty/pdfs/treaty159_5a.pdf）、四頁。英文は、UNESCO, "Text of the Convention for the Safeguarding of the Intangible Cultural Heritage." (http://www.unesco.org/culture/ich/en/convention/)［いずれも二〇一五年七月九日最終閲覧］。

(40) UNESCO, "Procedure of inscription of elements on the Lists and of selection of Best Safeguarding Practices." (http://www.unesco.org/culture/ich/index.php?lg=en&pg=00173)［二〇一五年七月九日最終閲覧］。

(41)「ユネスコ無形文化遺産の保護に関する条約に基づく無形文化遺産への登録基準」の日本語文書は、各省庁のウェブサイトからPDFとしてダウンロードできる。例えば以下のようなものがある。文化庁ウェブサイト「無形文化遺産部会無形文化遺産特別委員会　第一期　第一回　議事次第・配布資料（二〇一二年九月二五日）」(http://www.bunka.go.jp/seisaku/bunkashingikai/isanbukai/mukeitokubetsu/1_01/gijishidai.html) の中の参考資料「無形文化遺産について」(http://www.bunka.go.jp/seisaku/bunkashingikai/isanbukai/mukeitokubetsu/1_01/pdf/sanko_1.pdf)。農林水産省の食文化のウェブサイト「無形文化遺産の保護に関する条約の概要」(http://www.maff.go.jp/j/keikaku/syokubunka/meeting/1/pdf/process.pdf)［いずれも二〇一六年一月一六日最終閲覧］。

(42) 文化庁「『和食；日本人の伝統的な食文化』の無形文化遺産代表一覧表への提案について」二〇一二年三月九日報道発表 (http://www.bunka.go.jp/seisaku/bunkazai/shokai/mukei_bunka_isan/pdf/mukei_bunkaisan_120309.pdf)［二〇一五年七月九日最終閲覧］。

(43) 農林水産省「『和食；日本人の伝統的な食文化』の提案の概要」二〇一三年一二月五日報道発表資料 (http://www.maff.go.jp/j/press/kanbo/kihyo02/pdf/131205-03.pdf)［二〇一六年一月一六日最終閲覧］。

(44) UNESCOウェブサイト「Washoku, traditional dietary cultures of the Japanese, notably for the celebra-

tion of New Year」（http://www.unesco.org/culture/ich/index.php?lg=en&pg=00011&RL=00869）の「Nomination file」の二項目め（Consent of communities: Japanese/English）をクリックするとアクセスできる［二〇一五年七月九日最終閲覧］。

（45）農林水産省ウェブサイト「『日本食文化の世界無形遺産登録に向けた検討会（第四回）』（二〇一一年一一月四日）配布資料一覧」（http://www.maff.go.jp/j/keikaku/syokubunka/meeting/4/）［二〇一五年七月九日最終閲覧］。

（46）同前、配布資料一覧「『日本食文化の世界無形遺産登録に向けた検討会』におけるこれまでの検討経緯」（http://www.maff.go.jp/j/keikaku/syokubunka/meeting/4/pdf/4th01-05_keii.pdf）［二〇一五年七月九日最終閲覧］。

（47）農林水産省大臣官房政策課「日本食文化の世界無形遺産登録に向けた検討会　第三回会合（二〇一一年九月二八日）議事次第」農林水産省ウェブサイト（http://www.maff.go.jp/j/keikaku/syokubunka/pdf/full.pdf）、二三頁［二〇一六年一月一六日最終閲覧］。

（48）農林水産省「日本食文化の世界遺産化プロジェクトへの賛同登録について」ニュースリリース、二〇一一年九月二九日、フード・アクション・ニッポン推進本部事務局ウェブサイト（http://syokuryo.jp/news-release/mb/e/maff_syokubunka_1109.php）［二〇一六年五月一〇日最終閲覧］。

（49）同前、添付文書「様式1」二〇一一年九月二九日アップロード、フード・アクション・ニッポン推進本部事務局ウェブサイト（http:// syokuryo.jp/news-release/%CD%CD%BC%B01.doc）［二〇一六年五月一〇日最終閲覧］。

（50）日本食文化の世界無形遺産登録に向けた検討会一同「日本食文化の世界無形遺産への登録に向けた提案について」二〇一一年九月二九日、フード・アクション・ニッポン推進本部事務局ウェブサイト（http://

syokuryo.jp/news-release/%C4%CC%C3%CE%CA%B8.doc)〔二〇一六年五月一〇日最終閲覧〕。

(51) UNESCO, "Item 13 of the Provisional Agenda: Report of the Subsidiary Body on its work in 2011 and evaluation of nominations for inscription in 2011 on the Representative List of the Intangible Cultural Heritage of Humanity," Intangible cultural heritage Sixth session Bali, Indonesia, 22 to 29 November 2011 (http://www.unesco.org/culture/ich/doc/src/ITH-11-6.COM-CONF.206-13+Corr.+Add.-EN.pdf), pp. 57–58.〔二〇一五年七月九日最終閲覧〕。

(52) 農林水産省大臣官房政策課「日本食文化の世界無形遺産登録に向けた検討会　第四回会合（二〇一一年一一月四日）議事次第」農林水産省ウェブサイト（http://www.maff.go.jp/j/keikaku/syokubunka/pdf/gijiroku.pdf）、七頁〔二〇一六年一月一六日最終閲覧〕。

(53) 同前、八―九頁〔二〇一六年一月一六日最終閲覧〕。

(54) 熊倉功夫「ユネスコ無形文化遺産に登録された本当の理由」、『ヘルシスト』第二二六号、二〇一四年七月、二―三頁（ヤクルトウェブサイト（http://www.yakult.co.jp/healthist/226/img/pdf/p02_07.pdf）〔二〇一六年五月一〇日最終閲覧〕）。

(55) 農林水産省「日本食文化を、世界無形遺産に。」パンフレット、前掲ウェブサイト「日本食文化の世界無形遺産登録に向けた検討会（第四回）配布資料一覧」の中の「PR資料（パンフレット）（ポスター）」（http://www.maff.go.jp/j/keikaku/syokubunka/meeting/4/pdf/4than01-02_bira2.pdf）〔二〇一五年七月九日最終閲覧〕。

(56) 文化庁「『和食；日本人の伝統的な食文化』の無形文化遺産代表一覧表への提案について」二〇一二年三月九日報道発表（http://www.bunka.go.jp/seisaku/bunkazai/shokai/mukei_bunka_isan/pdf/mukei_bunkaisan_120309.pdf）〔二〇一五年七月九日最終閲覧〕。

（57）内閣府「日本再生の基本戦略～危機の克服とフロンティアへの挑戦～」（経済社会構造に関する有識者会議　第六回「日本再生の基本戦略」二〇一一年一二月二四日閣議決定資料）（http://www5.cao.go.jp/keizai2/keizai-syakai/k-s-kouzou/shiryou/k-s-6kai/pdf/1.pdf）、二九頁［二〇一五年七月九日最終閲覧］。

（58）UNESCO, "The Inventory of Intangible Cultural Heritage in Japan as of March 2012." (http://www.unesco.org/culture/ich/doc/download.php?versionID=16610)［二〇一五年七月九日最終閲覧］。

（59）Emiko Kakiuchi, "Cultural Heritage Protection System in Japan: Current Issues and Prospects for the Future," *GRIPS discussion paper*, 14-10, National Graduate Institute for Policy Studies, 2014, p. 8.

（60）文化庁「ユネスコ無形文化遺産保護条約『代表一覧表』に係る提案候補の決定について」二〇一二年二月一七日報道発表（二〇一二年三月九日報道発表の二頁、参考資料）(http://www.bunka.go.jp/seisaku/bunkazai/shokai/mukei_bunka_isan/pdf/mukei_bunkaisan_120309.pdf)［二〇一六年五月一〇日最終閲覧］。

（61）農林水産省「無形文化遺産の代表的な一覧表への記載についての提案書（仮訳）」(http://www.maff.go.jp/j/keikaku/syokubunka/ich/pdf/nf_wayakun.pdf)［二〇一六年一月一六日最終閲覧］。

（62）文化庁ウェブサイト「国指定文化財等データベース」(http://kunishitei.bunka.go.jp/bsys/index_pc.asp)［二〇一五年七月九日最終閲覧］。

（63）熊倉功夫「和食が無形文化遺産に登録された過去から見えてきたこと」、『Vesta』第一〇一号、二〇一六年、一〇―一一頁。

（64）UNESCO, "Washoku, traditional dietary cultures of the Japanese, notably for the celebration of New Year." (http://www.unesco.org/culture/ich/index.php?lg=en&pg=00011&RL=00869)［二〇一五年七月九日最終閲覧］。

（65）文化庁「ユネスコ無形文化遺産保護条約『代表一覧表』に係る提案候補の決定について」二〇一二年二

月一七日報道発表（http://www.bunka.go.jp/seisaku/bunkazai/shokai/mukei_bunka_isan/pdf/unesco_jyoyaku.pdf）［二〇一五年七月九日最終閲覧］。

（66）UNESCO, "Nomination File no. 00869 for Inscription in 2013 on the Representative List of the Intangible Cultural Heritage of Humanity," p. 3.（http://www.unesco.org/culture/ich/doc/download.php?versionID=20649）［二〇一五年七月九日最終閲覧］。

（67）文化庁「無形文化遺産の代表的な一覧表への記載についての提案書（案）」（文化審議会文化財分科会無形文化遺産保護条約に関する特別委員会　第八回　議事次第　資料）（http://www.bunka.go.jp/seisaku/bunkashingikai/bunkazai/hogojoyaku/08/pdf/shiryo_8_2.pdf）［二〇一五年六月二三日最終閲覧］。

（68）京都府・特定非営利活動法人日本料理アカデミー「『日本料理（Japanese culinary art and culture）』の世界無形文化遺産登録に向けた提案書」二〇一一年一〇月、農林水産省ウェブサイト「日本食文化の世界無形遺産登録に向けた検討会（第四回）配布資料」（http://www.maff.go.jp/j/keikaku/syokubunka/meeting/4/pdf/4than02_kyoto.pdf）、七頁［二〇一五年七月九日最終閲覧］。

（69）"World Heritage – The World of Washoku," *Japan Monthly Web Magazine*, January 2014.（http://japan-magazine.jnto.go.jp/en/1402_food.html）。映画「和食ドリーム」二〇一五年春公開、文科省選定・農水省推薦（http://www.washokudream.jp）［いずれも二〇一五年七月九日最終閲覧］。

（70）日本経済団体連合会「国家ブランドの構築に向けた提言――ジャパン・ブランドを強化し世界とともに成長する」二〇一四年一一月一八日、首相官邸ウェブサイト「知的財産戦略本部　検証・評価・企画委員会（第九回）議事次第（二〇一五年三月二〇日）参考資料」（https://www.kantei.go.jp/jp/singi/titeki2/tyousakai/kensho_hyoka_kikaku/2015/dai9/sankou1-3.pdf）［二〇一五年七月八日最終閲覧］。

（71）農村開発企画委員会ウェブサイト「郷土料理百選」（http://www.rdpc.or.jp/kyoudoryouri100/）がその一

例である［二〇一五年七月八日最終閲覧］。

終章

（1）「加藤首相と肝胆相照らす　大橋博文館翁の節約振り　骨董買ふべからず＝和食和服廃止　首相の招待宴で大見得の節約演説　斯くてこそ閣議でさへ三鞭酒ぬき」、『読売新聞』一九二二年九月二日、朝刊五面。

（2）明治新政府が推し進めた肉奨励に関しては、例えば、熊倉功夫「解説　二」（小木新造・熊倉功夫・上野千鶴子編『日本近代思想体系　二三　風俗・生』岩波書店（東京）、一九九〇年、四八三頁）、鯖田豊之『肉食文化と米食文化――過剰栄養の時代』（講談社（東京）、一九七九年、九三―九五頁）、原田信男『歴史のなかの米と肉――食物と天皇・差別』（平凡社（東京）、一九九三年、一七―二一頁）、岡田哲『とんかつの誕生――明治洋食事始め』（講談社（東京）、二〇〇〇年、一三―一四頁および二一―二二頁）などに記述がある。

（3）小泉武夫『すごい和食』ベストセラーズ（東京）、二〇一一年、一六九―一七〇頁。

（4）永山久夫『なぜ和食は世界一なのか』朝日新聞出版（東京）、二〇一二年、六頁および一五九頁、七五―七六頁。

（5）辻芳樹『和食の知られざる世界』新潮社（東京）、二〇一三年、一六頁および二一二頁、二一九頁。

あとがき

本書は、チフィエルトカと安原が共同で著した初作ではありません。すでに二〇一〇年に米国で刊行された書籍 *Japanese Foodways, Past and Present*（University of Illinois Press）の一章として、第二次世界大戦中の日本の食文化についての論考を世に出しています。そのテーマをさらに広げて、二人で一緒に本を書く準備を進めていたのですが、その草稿が出来上がる前に、予想だにしなかったことが起こったのです。二人がこれまでに感じたことがないような、日本の「和食熱」騒動です。そこで、私たち二人は、食文化の研究者として今なすべき最も重要なことは、史実から冷静に「和食」の歴史を明らかにすることだと考え、最優先して本書の仕事に着手したのです。

私たち二人は出会ってから結構長い付き合いになります。チフィエルトカは、一九九〇年代の前半、文部省（当時）の留学生として筑波大学で日本の食文化を勉強した後、オランダのライデン大学の博士課程に入学し、一九九九年に博士号を取りました。論文 *Modern Japanese*

Cuisine: Food, Power and National Identity（Reaktion Booksから二〇〇六年に出版）の内容は、明治後期以降の日本の食文化における「西洋」の受容です。安原は、ほぼ同時期に奈良女子大学大学院で同じようなテーマの研究を進めており、二〇〇四年に博士号を取りました。博士論文『日本における食の近代化に関する研究――昭和戦前期の食事の内容分析を中心として』（二〇〇四年）の内容は、日本における食の近代化に関する研究です。実際に二人が巡りあうきっかけとなったのは、安原が二〇〇三年に発表した論文「雑誌『糧友』にみる兵食と一般家庭の食との関連について」（『風俗史学』第二二号、二〇〇三年）でした。論文に目をとおしたチフィエルトカは、「この研究者と連絡をとらなくちゃ」と思い、即座に行動にでたのです。面白いことに、安原はその数年前にチフィエルトカが筑波大学で書いた修士論文を取り寄せ、その内容は博士論文に至る研究において大きな力となっていたのです。近代日本の食文化研究への熱意が二人の縁を結んだのです。

そして、二〇〇七年から二〇一二年まで、初めて一緒に仕事をすることになりました。それは、オランダ科学研究組織主催の第二次世界大戦中の食に関するプロジェクト“Sustaining Total War: Militarisation, Economic Mobilisation and Social Change in Japan and Korea (1931–1953)”です。そのときに私たちが気づいたのが、物事に対するお互いの異なるアプローチの仕方です。もちろん、日本の食文化の研究の蓄積という共通の土台の上にです。チフィエルトカは俯瞰的に全体像をとらえて分析を進めるのを得意とし、安原は精細に史料の分析や知識を積み上げていくのを得手としていることを、互いに認め合う嬉しい発見をしました。一緒に研究することで、1プラス1が2ではなく、4にも5にもなる楽しさがあるのみならず、ともに仕事をしたからこそ生まれた付加価値も得ました。

日本語と英語の出版界へとつながる可能性の大きさもその一つです。本書の英語版は二〇一七年に出版される予定です。それに先立って、本書が日本で出版の運びとなったのです。それは、まるで「和食」という言葉が洋食との付き合いで誕生したように、二人の奇縁が本書を完成させたのです。もっとも、本書の出版を引き受けてくださった新泉社ならびに同社編集部の安喜健人さんの存在があったからこそできたことです。ここに記してお礼申し上げます。

二〇一六年七月

カタジーナ・チフィエルトカ
安原美帆

【著者紹介】

カタジーナ・チフィエルトカ（Katarzyna J. Cwiertka）

ポーランド出身.
オランダのライデン大学教授（近代日本研究専攻）.
日本と朝鮮半島をはじめ東アジアの近代の食文化について，英文での多数の執筆がある.
最近は食品包装の研究にも手を広げ，食文化の守備範囲を拡大中.
著者ウェブサイト http://www.cwiertka.com

安原美帆（Miho Yasuhara）

兵庫県生まれ.
奈良女子大学大学院修了，博士（学術）.
大学・専門学校の非常勤講師を務める傍ら，近代日本の食文化に関する研究等に取り組む.
論文「雑誌『糧友』にみる兵食と一般家庭の食との関連について」（『風俗史学』第22号，2003年）で，風俗史学会研究奨励賞を受賞.

秘められた和食史

2016年9月15日　初版第1刷発行

著　者＝カタジーナ・チフィエルトカ，安原美帆

発行所＝株式会社 新 泉 社
東京都文京区本郷2－5－12
振替・00170－4－160936番　TEL 03(3815)1662　FAX 03(3815)1422
印刷・製本　萩原印刷

ISBN978-4-7877-1607-1　C1021